Walther Rohdich

Hohenfriedeberg
4. Juni 1745

Sieg im Morgengrauen

Podzun-Pallas

INHALT

VORWORT

Als man die 100jährige Wiederkehr der Schlacht von Hohenfriedeberg feierte, errichtete man auf dem Galgenberg nahe der Stadt einen Aussichtsturm, später die Siegeshöhe genannt. Als man im Jahre 1945 die 200jährige Wiederkehr der Schlacht hätte feiern können, waren kurz vorher die Russen in Hohenfriedeberg eingezogen. Und als die 250jährige Wiederkehr anstand, 1995 also, hieß Hohenfriedeberg »Dobromierz«, hatte sein Stadtrecht verloren und gehörte unserem polnischen Nachbarn.

Einige wenige Zeitungen in Deutschland erinnerten jedoch an die Geschehnisse des 4. Juni 1745. Wir wollen es mit diesem Buch ebenfalls tun. Was damals geschah, bejubelt, betrauert, heftig kommentiert, leidenschaftlich diskutiert und in späteren Generationen allzu heroisch beurteilt wurde, ist heute Geschichte. Für manche wenig interessant und fernste Vergangenheit. Kriege, Schlachten und Kämpfe sind unpopulär, finden aber immer noch statt und sind erster Stoff der Medien. Ein Widerspruch? Wohl nicht. Es ist nur so, daß der Mensch ein Gegenwartswesen ist und lieber voraus- als zurückschaut. Das war stets so, aber heute haben wir mehr Zeit und auch die Möglichkeiten, mehr als unsere Altvorderen, neutral und ohne Emotionen die Blicke in die Vergangenheit schweifen zu lassen - das ist einer der Gründe, warum dieses Buch geschrieben wurde...

Südbrookmerland, im Herbst 1997 Walther Rohdich

NAMEN UND ORTE

Der Krieg soll der Vater so mancher Dinge sein - er ist gewiß ein Diener der Geografie! Wer würde heute über Orte sprechen wie Breitenfeld, Fehrbellin, Hohenfriedeberg, Leuthen, Waterloo, Königgrätz (nur eine kleine, willkürliche Auswahl), wenn dort nicht die genauso genannten Schlachten stattgefunden hätten? Und an der Tatsache, daß Kriege uns fremde Orte, Länder und Völker näherbringen, hat sich bis heute nichts geändert; im Gegenteil: Der Kontakt ist via Fernsehen enger geworden...

Hier steht uns die Stadt Hohenfriedeberg am nächsten. Wie hieß sie nun: Hohenfriedeberg oder Hohenfriedberg? Das ist ganz eindeutig - immer mit »e«! So wollen wir dieser Schreibweise durch das ganze Buch folgen und nur Ausnahmen in den Zitaten der Zeit machen.

Hohenfriedeberg (heute Dobromierz), bis ins 17. Jahrhundert und auch in Friedrichs nachlässiger »Schreibe« Friedberg oder Friedeberg genannt, war zur Zeit seiner Erhebung zum Schlachtenort ein verschlafenes schlesisches Nest mit etwa 450 Einwohnern, besaß allerdings das Stadtrecht. 1939 hatte es durch Eingemeindungen 1.074 Einwohner, verlor aber 1947 unter polnischer Verwaltung seine Stadtrechte und die Hälfte der Bewohner. Kämpfe hatten 1945 nicht stattgefunden, die russischen Truppen rückten erst nach dem 8. Mai 1945 ein. Die Stadtgründung datiert bereits aus dem Jahr 1295, aber die schlechte Verkehrslage - auch später keine Eisenbahnanbindung - verhinderte ein Aufblühen und Anwachsen zu einer »richtigen« Stadt. Handwerk, Handel und Landwirtschaft prägten 1745 ihr Bild, immerhin ließ ein Christoph Ferdinand von Nimptsch 1727 auf dem Gelände des Rittergutes Hohenfriedeberg ein Barockschloß anlegen. Die Stadt selbst wurde in der Schlacht von 1745 nicht in Mitleidenschaft gezogen.

Striegau (heute Strzegom) war damals die größte Stadt des Schlachtgebietes. Sie wurde 1239 von den Herzögen von Schlesien gegründet. Zusammen mit Jauer und Schweidnitz war sie als Sperrfestung und Schutz wichtiger Straßen konzipiert. Bis Ende des 18. Jahrhunderts war auch hier die Landwirtschaft der Haupterwerb. 1741, Schlesien war soeben preußisch geworden, entstand wieder eine evangelische Schule. Im Gegensatz zu Hohenfriedeberg wurde Striegau bei den Kämpfen von 1945 stark zerstört, 7.000 Deutsche mußten die Stadt 1946 verlassen. Zweihundert Jahre vorher spielte die Stadt sowohl für die Sachsen als auch für die Preußen eine entscheidende Rolle für Kämpfe um die Überflügelung und die »schiefe Schlachtordnung«.
Rohnstock (heute Roztoka), seit 1305 unter deutschem Recht, ist für unseren

Bericht nur deshalb von Bedeutung, weil sich im gleichnamigen Schloß der Grafen Hochberg zwei Hauptquartiere befanden: Am 3. Juni 1745 das des Prinzen Karl von Lothringen und seines Kollegen Herzog von Sachsen-Weißenfels, einen Abend später war Friedrich dort, und in diesen 24 Stunden hatte sich Entscheidendes ereignet. Während die beiden Erstgenannten den Rückzug nach Böhmen antraten, ließ Friedrich sich die Trophäen der Schlacht vorführen und saß zu Tisch, um Briefe an einen Minister und einen Feldmarschall zu schreiben.

Von den anderen Ortschaften rund ums Schlachtfeld von Hohenfriedeberg wollen wir noch Günthersdorf, Thomaswaldau, Pilgramshain, Eisdorf, Halbendorf, Ullersdorf, Hausdorf und Schweinitz erwähnen, da hier am härtesten gekämpft worden ist. Allein auf der Feldmark von Günthersdorf mußten die Bauern und Einwohner 2.053 Gefallene beerdigen. Nach den damals üblichen Kampfmethoden besaßen Dörfer und Kleinstädte strategische Bedeutung dadurch, daß man sich an sie »anlehnen« oder sie in die Mitte einer Aufstellung nehmen konnte. Was die eigentlich unbeteiligten Bewohner dann aushalten und mitmachen mußten, hat ein Bürger Pilgramshains (heute Zolkiewka) schriftlich festgehalten; wir werden ihn zu gegebener Zeit zitieren...

Die Stadt Striegau in einer Darstellung etwa einhundert Jahre nach der Schlacht.

DIE MILITÄRISCHE UND POLITISCHE LAGE 1745

Kriegsteilnehmer von Cogniazo schreibt in seinen »Geständnissen eines österreichischen Veterans«:
»Österreichs Waffenglück hatte zwar durch die glorreiche Winterexpedition des großen Dessau etwas von seinem Lüstre verloren; aber es warf darum bey Eröffnung des Feldzuges 1745 nicht weniger blendende Stralen von sich. Schon im Monat März kamen die Insurgenten in den Fürstenthümern Ratibor und Oppeln wieder zahlreich zum Vorschein...«

Wie das Jahr 1744 für Preußen verlaufen war, soll hier nicht näher dargelegt werden: Es war für Friedrich sowohl militärisch als auch politisch äußerst unerquicklich, und sein Rückzug aus Böhmen hatte seinen Ruf als Feldherr und Staatsmann ziemlich ramponiert. Im neuen Jahr mußte alles besser werden -entweder Frieden oder eine große Schlacht! Der »Alte Dessauer«, der 1745 noch einmal einen Höhepunkt seines Soldatenlebens feiern wird, erließ am 8. Januar seine »Nota über das Verhalten der Truppen im bevorstehenden Feldzug« in dreizehn Artikeln:

1. *So soll alles so observiret werden, wie es bereits in der March Disposition beschrieben stehet.*
2. *So sollen die Regimenter den Abend vor den March alle Gewehre ausziehen, und wieder gut frisch laden.*
3. *So wohl die Cavallerie als Infanterie sollen bey den March und allemahl wann bey der Infanterie scharf geschultert und bey der Cavallerie der Degen gezogen wird, die Leuthe keine Mützen auf haben, sondern die Hüte wohl tragen.*
4. *Die Cavallerie soll vor dem Auffbruch sowohl die Fourage als Bagage und über Röcke wohl auffgepackt haben, welches die sämtliche Officiers insonderheit die Commandeurs von die Regimenter und Compagnien zu observieren und dafür zu stehen haben, daß dieses nachgelebet werde, so lieb Ihnen die Ehre ist.*
5. *Da wohl nicht zu vermuthen ist, daß bey einer attaque Esquadronen noch Bataillons den Feind den Rücken zukehren sollten, so wird hierdurch an die Herren Generals und sämtliche Officiers anbefohlen, es bey ihren Fliegels, Brigaden, Bataillons, Esquadrons, Compagnien und Zügen anzusagen, daß woferne unter diese hier stehende und befindliche Regimenter sich dergleichen ehrvergeßene Menschen finden solten, so sollen dieselben gewiß und ohne Verhör am Leben gestraffet werden.*

6. *Die Cavallerie soll mit dem Degen in der Faust geschlossen attaquiren, und so den Feind übern Hauffen werffen. So bald als Sie Terrain gewinnen, so soll die Cavallerie nicht halten bleiben, sondern beständig mit Paucken- und Trompeten-Schall in avanciren bleiben.*
7. *Die Infanterie soll mit Pelottons oder Divisions, wie es wird befohlen und Von nöthen seyn, chargiren und beständig in avanciren Terrain gewinnen.*
8. *Doch müßen sowohl Infanterie als Cavallerie niemahls die ordre de Bataille brechen, sondern alle Zeit Sich wohl ailliren, welches die sämtliche Herrn Generals und Commandeurs der Regimenter wohl zu observieren, alle ihre möglichkeit daran zu wenden, daß dieses nachgelebet werde, in dem der Fort und die Stärke um einen Sieg zu erlangen darauff ankomt.*
9. *Weile leyder die Saison nicht zuläßt zu campiren, sondern daß die Regimenter cantoniren müssen; also wird es Sich gewiß zutragen, daß ein oder das andere Dorff wird attaquiret werden, also müssen die nächst dabey stehenden Regimenter das attaquirte Dorff zum Succurs marchiren, doch in der beste und möglichste Ordnung und mit klingendem Spiel, welches die Herren Generals so in denen Dörffern commandiren wohl zu observiren haben, und bey Tage alles zu recognosciren, wo Sie ihre nächste Dörffer beyspringen, und wie Sie aus ihrem Dorff Sich zum Besten herauszuziehen in Stande seyn können.*
10. *Wie die Postirungen in denen Dörffern sollen gemacht werden, wird auch jedweden General oder Obristen, der in die Dörffer stehet, bereits bewust seyn, wie es Sr. Königl. May. Dienst erfordert.*
11. *Müssen in alle Dörffer so wohl Cavallerie als Infanterie Picquet gehalten und die Dörffer mit Schildwachen und kleinen Posten rund um besetzt werden, auff daß nichts von Feinde sich hineinschleichen kann.*
12. *Die sämtliche Cavallerie muß alle Nacht um 1 Uhr gesattelt und gepackt ihre Pferde haben, auff daß Sie bei den Lerm, soforth zu Pferde sitzen können. Die Infanterie muß ebenfalß umb 3 Uhr des Morgens auff ihre Lerm Plätze Sich Bataillon-weise einfinden, und so lange mit der Cavallerie so verbleiben biß gegen 9 Uhr und auch weitere Befehl sodann gewärtig seyn.*
13. *Dann sollen die Officiers von der Cavallerie und Dragoner bey alle Marche und Zusammenkünffte weiße Röcke anhaben, die Officiers von der Infanterie hingegen alle blau angezogen seyn.«*

Anfang des Jahres waren erhebliche Kräfte Österreichs im Westen nach dem Frieden mit Bayern frei geworden und der Tod Kaiser Karl VII., für den Friedrich ja ins Feld gezogen war, veränderte die politische Lage im Reich zu Ungun-

sten Preußens. Zudem hatte man einen französischen Marschall gefangengenommen.
Am 26. Januar 1745 schrieb Friedrich an seinen Kollegen Ludwig XV.:

»Mein Herr Bruder, es scheint ein besonders Verhängnis zu sein, daß sich seit einigen Monaten darin gefällt, alles, was man aufbaut, niederzureißen und zu zerstören. Die Festnahme des Marschall von Belle-Isle war noch nicht genug. Nun ist der Kaiser gestorben, und die Königin von Ungarn betrachtet auf Grund ihrer Übermacht, die sie im Kurfürstenkollegium hat, die kaiserliche Krone auf dem Haupt ihres Gemahls als gesichert. Ich bitte Eure Majestät, mir zu sagen, was Sie in dieser schrecklichen Krise, in der die Dinge stehen, zu tun gedenken...«
Und wenige Tage später an seinen Legationsrat Podewils:
»...Ich bin noch immer in der Lage, der Königin von Ungarn mehr Schaden zuzufügen, als sie sich einbildet. Der erste fruchtlos verlaufene Feldzug entscheidet noch nichts in betreff des Erfolges des nächsten. Habe ich Fehler gemacht, so werde ich sie wiedergutmachen. Der Wiener Hof hat also im vergangenen Jahr gar nichts gewonnen und vielleicht alles in diesem Jahr zu fürchten.«

Obwohl Friedrich entschlossen war, auch 1745 einen neuen Feldzug zu führen, bemühte er sich eifrig um Frieden, und zwar so auffällig und intensiv, daß er Verdacht erregte und vor allem bei seinen Gegnern den Gedanken förderte, er täte alles aus seiner Schwäche heraus. Politisch gelang ihm 1745 so gut wie nichts: Bayern schied aus dem Bündnis, Frankreich war unzuverlässig, nicht recht bei der Sache, England schwankte und »verriet« ihn schließlich, Sachsen schien sich aktiv am Krieg beteiligen zu wollen und in seinem und Österreichs Gefolge trieben Polen und Rußland eine für Preußen gefährliche Politik - es war möglich, daß Friedrich im Jahre 1745 allein gegen eine Koalition von Feinden stand. Aus militärischer Sicht gedachte er einen Fehler des Vorjahres gewiß nicht zu wiederholen: Tief ins Feindesland zu marschieren und den Gegner dort zur Schlacht stellen; mochten sie doch herüberkommen übers Gebirge, er würde sie wohl gebührend empfangen! Darauf richteten sich seine Gedanken.
Und Friedrich wußte: Hätten die Österreicher ihre militärischen Erfolge von 1744 ausgenutzt und den Krieg den Winter über fortgesetzt, mit allen Mitteln, versteht sich, so wäre Preußen gewiß erledigt gewesen. Aber ein Winterfeldzug lag damals kaum im Bereich des Möglichen und jemand, der sich sowieso überlegen fühlte - wie Österreich -, verschob den nächsten Feldzug in den Sommer. So fand Friedrich Zeit, seine durch die vorjährigen Ereignisse in Böhmen »angeknackste« Armee zu reorganisieren und den Ereignissen gelassen entgegenzusehen.

Daß alle politischen Vorstellungen Friedrichs nicht gerieten, soll hier nur kurz erwähnt werden; allein Frankreich blieb an seiner Seite, führte aber den Krieg im Westen nicht nach seinen Wünschen und zwingenden Notwendigkeiten.

Frankreich hatte kein Interesse daran, Preußen zu stark und Österreich schwach werden zu lassen. So konnte sich Friedrich bald folgendes Bild machen: Österreich war der Hauptgegner und würde jetzt alles daransetzen, Schlesien wiederzugewinnen; Sachsens Haltung war noch ungewiß und es blieb die Frage, ob es Österreich aktiv oder passiv unterstützen würde.

Und was würden die sogenannten Verbündeten unternehmen, wann und wo planten sie die ersten kriegerischen Maßnahmen? Ihr geschickter Taktiker Feldmarschall Traun, der die Preußen aus Böhmen heraus manövriert hatte, stand ihnen nicht mehr zur Verfügung, der neue Oberbefehlshaber war Prinz Karl von Lothringen, der Schwager Maria Theresias. Es war Anfang April, als die Österreicher ihre Winterquartiere aufgaben und endlich in drei Kolonnen abmarschierten. Die erste, unter Führung des Feldmarschall-Leutnants Leopold Graf Daun, konzentrierte sich bei Deutsch-Brod; die beiden anderen blieben vorerst bei Mährisch-Trübau und Olmütz; sechs Regimenter, die aus dem Feldzug gegen Bayern nun freigeworden waren, wurden unter Führung des Feldzeugmeisters Baron Thüngen ebenfalls in die Umgebung von Königgrätz verlegt. Der Kriegsplan der Verbündeten verriet durchaus taktisches Verständnis: Da man Friedrichs Heer als geballte Macht fürchten gelernt hatte, legte man alles darauf an, diese zu teilen. Außerdem wollte man Friedrich in dauernder Unruhe und Ungewißheit lassen, indem man die »Leichten Völker«, also ungarische und kroatische Husaren und Ulanen, die sich auf Kleinkrieg, Repressalien, Marodieren und Verängstigung der Bevölkerung verstanden, überall, vor allem aber in Oberschlesien einfallen lassen würde. So wäre Friedrich zu weiträumiger Aufklärung und zur Verzettelung seiner Kräfte gezwungen. Wie wir noch erfahren werden, war der neue Oberbefehlshaber jedoch einer Entscheidungsschlacht, zur rechten Zeit am rechten Ort, nicht abgeneigt; hier deckten sich seine Absichten mit denen Friedrichs!
Als Friedrich noch immer hoffte, daß Sachsen sich defensiv verhalten würde, waren die Würfel längst gefallen: Im Vertrag zu Warschau, der auch eine Geheimklausel enthielt, hatte Sachsen sich verpflichtet, Österreich 30.000 Mann zu stellen, natürlich gegen einen Anteil an der Beute. Als die Österreicher nun aus ihren Winterquartieren aufbrachen, überschätzte sie Friedrich sozusagen, er glaubte, nun ginge es endlich richtig los gegen ihn. Aber wie das bei Verbündeten häufig ist: Es gab keine volle Einigkeit über den Feldzugplan, dafür aber viel gegenseitiges Mißtrauen, trotz aller Verträge und des gemeinsamen Ziels. Der Plan vom 22. März, auf den man sich schließlich einigte, sah folgendes vor: Mit dem Hauptheer wollte man aus der Gegend von Königgrätz über Braunau und Schweidnitz in Schlesien einfallen und auf Breslau gehen. Scheinangriffe über die mährische Grenze sollte es geben. Dazu eine Überschwemmung Oberschlesiens mit »Insurgentenmassen«, das sind jene leichten Truppen, über die schon berichtet worden ist. Hätte man diese Pläne in fridericianischer Manier befolgt, sie wären wohl gelungen, aber sie litten an einer Krankheit: an allzuviel Siegesge-

wißheit ihrer Erfinder. Während Friedrich durch sein Spionagenetz und von einem Überläufer manches von den gegen ihn geplanten Maßnahmen erfuhr, taten es sich die beiden gegnerischen Oberbefehlshaber zu Hause gütlich: Prinz Karl begab sich schließlich Ende April zur Armee, der Herzog von Sachsen-Weißenfels gar erst am 26. Mai. Während preußische Generale längst fieberhaft tätig waren, die Soldaten auszubilden, Material zu verbessern und zu besorgen, den Nachschub zu organisieren und Pläne mit Friedrich zu erörtern, intensiv aufzuklären und Nachrichten zu sammeln, verbrachten ihre gegnerischen Kollegen noch Tage und Wochen in Wien und Dresden. Die Möglichkeit, 1745 geschlagen werden zu können, ist unter ihnen offensichtlich nicht im entferntesten diskutiert worden.

Das lange Warten allerdings machte Friedrich nervös und unsicher. Seine Finanzlage war prekär, und er mußte um Subsidien aus Frankreich bitten. An Podewils schrieb er am 17. April aus Neiße:
»Ich arbeite wie ein Pferd, um meiner kritischen Lage ein günstiges Aussehen zu geben. Das Militär wird seine Schuldigkeit tun, und es gibt keinen unter uns, der sich nicht lieber entzweischlagen ließe, als daß er einen Fingerbreit Erde durch unsere Feigheit verlorengehen ließe. Kurz, wir brauchen einen guten Frieden oder wir müssen uns selbst übertreffen durch Handlungen von Tapferkeit und durch Wunder von Kühnheit...«
Am 17. März traf Friedrich in Breslau, am 23. in Neiße ein. Für den Ernstfall, sobald er also wußte, wo die Hauptmacht der Feinde in Schlesien einfallen würde, wollte er seine Armee konsequent zusammenziehen. Sie lagerte, jetzt in dem großen, durch die Städte Breslau, Brieg, Neiße, Glatz und Schweidnitz gebildeten Fünfeck. Wie es damals militärische Gepflogenheit war, sicherten die Vorhuten gegen die Grenzen nach Böhmen und Mähren, vertrieben Kundschafter, kundschafteten selbst und fingen Spione ab. Friedrichs Unterführer waren zu dieser Zeit: der alte Generalleutnant Graf Truchseß zu Waldburg, Generalleutnant von Lehwaldt, Generalmajor von Fouqué, Generalleutnant Markgraf Karl von Schwedt, Generalleutnant de la Motte und Generalmajor von Hautcharmoy. Die Vorhut führte General du Moulin. Einige Offiziere unterhalb Generalsrang sollten sich bald einen Namen machen: Winterfeldt, Schwerin, Zieten und auch Seydlitz. Voreilig, durch die ersten österreichischen Bewegungen alarmiert, befahl Friedrich nunmehr das Zusammenziehen der Armee nach Patschkau.
Sein Groll gegen die Sachsen veranlaßte ihn, am 5. April gegen sie ein Betretungsverbot preußischer Grenzländer zu erlassen. Der Alte Dessauer wurde beauftragt, bei Magdeburg ein Korps aufzustellen, um gegen den noch immer befürchteten Doppelangriff gewappnet zu sein. Auch sollte dieses Korps, sobald die Sachsen schlesischen Boden betraten, sofort gegen ihr Land vorstoßen. Je mehr Friedrich die Gewißheit erhielt, der Feind werde über Böhmen hereinkommen, desto eifriger zog er seine Truppen an sich: Markgraf Karl mußte am 22.

April in Oberschlesien Ratibor und Troppau räumen, an der Oder wurden nur Brieg, Cosel und Oppeln gehalten und Truchseß mußte sich allmählich gegen Schweidnitz zu ihm ziehen. Es waren genau diese Truppenbewegungen, die bei den Verbündeten tatsächlich den Eindruck aufkommen ließen, Friedrich zöge dieses Jahr tatsächlich den taktischen Rückzug einer Schlacht vor. Und die Verbündeten versuchten weiter alles erdenkliche, ihn zu täuschen: Sie sandten ein Sonderkorps nach Prag, verlegten andererseits die Magazine nach Norden und in die Lausitz, die Sachsen begannen sich bei Jungbunzlau zu versammeln. Betrachtete Friedrich die Karte, so mußte er eigentlich einen Einfall von Trautenau aus erwarten, zog er seinen Verstand zu Rate, so ließ er die Möglichkeit eines Doppelangriffs wieder fallen und blieb dabei, daß es richtig sei, von seinem ursprünglichen Plan nicht abzuweichen: Den Gegner übers Gebirge unbehelligt nach Schlesien hereinzulassen. Friedrich verlegte am 29. April sein Hauptquartier nach Camenz und befand sich damit inmitten seiner Truppen, seine Brüder August Wilhelm und Heinrich folgten ihm, ebenso trafen die letzten und wichtige Einheiten wie das 1. Bataillon Garde hier ein.
In der Aufstellung zur offensiven Verteidigung war Friedrich inzwischen Meister geworden. So sah die Stellung seiner Armee nunmehr aus: Mit 41 Bataillonen und 81 Schwadronen lag er selbst zwischen Frankenstein und Neiße; in der Grafschaft Glatz stand Lehwaldt mit 14 Bataillonen und 10 Schwadronen; rechts von ihm Truchseß mit 8 Bataillonen und 38 Schwadronen, links Markgraf Karl mit 9 Bataillonen und 20 Schwadronen; auch die äußersten Flügel mit Liegnitz und Jägerndorf waren ausreichend gedeckt, während General Hautcharmoy mit 7 Bataillonen und 25 Schwadronen für Sicherheit im Rücken sorgte. In den Festungen Breslau, Brieg, Glogau, Glatz und Neiße standen weitere 24 Bataillone. Alle diese Truppen konnten innerhalb weniger Tage auf dem entscheidenden Platz vereinigt werden.
Drückend blieb eine Sorge: die Finanzen! Die Unterhaltung einer Armee in Kampfbereitschaft kostete ungeheure Summen, und je länger diese Bereitschaft aufrechterhalten werden mußte, desto sorgenvoller schaute Friedrich ins Jahr 1745. Sollten die Gegner bei ihrem gemächlichen Vorrücken bleiben, könnte er sich genötigt sehen, unter allen Umständen eine Schlacht schlagen zu müssen -ein Unterfangen, vor dem der vorsichtige Podewils eindringlich warnte: »Nicht mit einer einzigen Schlacht die Existenz des Staates aufs Spiel setzen!«

Eine kleine Anekdote am Schluß dieses Kapitels soll dokumentieren, wie sehr sich die Situation, gegenüber vor hundert Jahren, also im Dreißigjährigen Krieg, bei den Soldaten geändert hatte; sie waren nun alles andere als Landsknechte. Bei einem Überfall der Preußen in der Nähe von Hirschberg wurden österreichische Kroaten überrascht und gestellt. Zu der Aufforderung, sich zu ergeben, schüttelten sie die Köpfe und antworteten selbstbewußt: »Nicks Pardon, ick braff Kerl!«...

INSTRUKTIONEN UND REALITÄTEN

In seinem Leben hat Friedrich eine Unmenge von Instruktionen und Anweisungen zu militärischen Themen erlassen, vom Abbeißen der Patronen bis zum Vorrücken ganzer Armeen. Praxis und Realität fielen oft sehr verschieden aus. Die Schlacht von Hohenfriedeberg bietet hierzu, wie übrigens beinahe jede andere auch, ein gutes Beispiel.

Als die Potsdamer Garde-Bataillone zum Zweiten Schlesischen Krieg ausrückten, bekamen sie folgende Instruktion mit auf den Weg:
»Bei einer Bataille kommt es bei der Infanterie auf zwei Sachen an: Erstlich, daß sich die Linie geschwinde formiret, welches dadurch geschieht, wenn an denen Colonnen die Bataillons und Züge mit rechter Distance aneinanderhangen, ingleichen, daß die Generale das Allignement und die zwei Punkte, wo der rechte und linke Flügel zu stehen kommen, wohl observieren. Dann, daß die Infanterie, welche mit dem Feinde im Feuer ist, immer avanciret, um mehr Terrain zu gewinnen, denn bei solcher Gelegenheit es nicht sowohl auf die Zahl der Todten, als auf den Platz ankommt, folglich müssen die Leute während des Feuerns immer vorwärts getrieben werden, womit man den Feind forciret zurück zu gehen, worauf die Confusion bei ihm unausbleiblich erfolget.«

In zwei weiteren Instruktionen für die Garde hieß es:
»Passiret die Colonne ein Defilee, so soll darauf gehalten werden, daß die Burschen das Gewehr scharf anziehen, auf daß sie dichte auf einander bleiben. Die Offiziers sollen sehr darauf Acht geben, daß die Burschen nicht aus ihren Zügen laufen...«
»Es wird mit der Linie schräg attakirt werden, und marschiret der Flügel, so attakiret geschwinder als der andere. Wenn am Feinde heranmarschiret wird, so sollen die Burschen nicht zu früh schießen, und wird stark avancirt werden, und soll kein Lärm und Geschrei gemacht werden. Der Flügel so attakirt wird mit ordentlichen und starken Schritten avanciren, doch ohne zu laufen. Wenn die Bataillons auf 30 bis 40 Schritt herangekommen am Feinde, so sollen die Bataillons von der Attaque mit den Bajonetts aber ordentlich hereinbrechen, nicht aber mit einzelnen Bataillonen. Wenn unordentlich sollte gefeuert werden, so soll man suchen, die Leute wieder stille zu kriegen, auf daß sie mit Peletons wieder an zu schießen fangen. Auf 300 Schritt weit muß geschossen werden, aber immer im avanciren.«

Ein aufmarschiertes Bataillon stand in geöffneten Gliedern, bis das Feuern (die Chargierung) begann. Auf das Kommando »Schließt euch auf die Spitze vom Säbel!« rückten die hinteren Glieder auf. Die unter den Fahnen stehenden Züge gingen vier Schritt links und die Fahnen traten in die Mitte. Auf das Kommando »Bataillon vorwärts!« traten die Fahnen zum Trittgeben 15 Schritt vor. Friedrich hatte tatsächlich für alle erdenklichen Fälle Instruktionen verfaßt: »Wenn die Divisions durchexerzieret haben, so müssen die Chefs sie zusammenziehen und sie am avanciren und retiriren mit dem Bataillon marschiren, wobei in Sonderheit darauf zu halten, daß die Burschen sich nicht stoßen, oder drängen, sondern gerade aus marschiren, Ellenbogen an Ellenbogen seyn und nicht die Arme hintereinander strecken, die Köpfe nicht vorstehen und in die Höhe, die Augen nach den Fahnen, und die Füße zugleich heben. Dann muß ein Bataillon ohnfehlbar gerade marschiren ... Wenn die Leute die Patrone in den Lauf bringen, so muß ihnen wohl gesagt werden, daß sie nicht lange mit ihr schütteln, sondern sie müssen selbige gleich fallen lassen, denn durch das viele Schütteln zerbricht die Patrone und hindert hernach an der Ladung. Sie müssen aber die Patrone gut und in das Pulver abbeißen. Wenn commandiret wird »ziehet aus den Ladestock«, so muß gewiesen werden, daß die Leute bei dem ersten Griff den Ladestock bis über die Mündung mit einem Ruck sich durch die Hand werfen, und nachhero mit einem kurzen Ruck den Ladestock völlig ausziehen und verkürzen ... Wenn eine Division exerciret und mit Peletons oder Divisionen auf der Stelle chargirt wird, so muß gesehen werden, daß sich die Leute zugleich fertig machen, und das erste Glied zugleich niederfalle, und daß die beiden übrigen Glieder wohl einrücken ... Wenn commandiert wird »Feuer!«, so müssen die Leute strack anschlagen und zugleich ziehen; das erste Glied springet in die Höhe, muß aber bei Leibe nicht zurückdrängen ... Die Leute müssen hurtig Pulver ergreifen, Patrone abbeißen, ganz geschwinde Pulver aufschütten und Pfannen schließen ...«

Es ist klar, daß einem »Kleinlichkeitskrämer« wie Friedrich kein Offizier etwas vormachen konnte. Bei Manövern mochte ja auch alles leidlich klappen, aber in der Realität standen die Soldaten unter gegnerischem Feuer und mußten erleben, wie links, rechts, vor und hinter ihnen die Kameraden zusammenbrachen...

Nach Friedrichs Motto »Es ist notwendig, daß jede Bataille ein großer Schritt vorwärts zum Verderben des Feindes werden muß«, hatte »die Armee zu attaquiren, was sie finde«. Aber Friedrichs militärisches Denken war einerseits fortschrittlich und befand sich im Umbruch, andererseits hing es an alten Traditionen, die zwar als überholt und unzweckmäßig erkannt, aber als noch nicht abschaffbar angesehen wurden. In allen diesen Gedanken befand er sich in guter Gesellschaft mit den Militärs seiner Zeit. Da haben wir, für die Infanterie, die sogenannte Lineartaktik, auf die im Kapitel »Ars belli« näher eingegangen worden ist. Mit ihr sollte der Gegner vom Platz gefegt werden, was aber meist mehr ein »Drängen« als ein »Fegen« war. Den Gegner zu vernichten, also ihm soviel tödliche Verluste beizubringen wie möglich, war durchaus nicht immer das er-

klärte Ziel der Feldherren. Und so paradox es klingen mag: Friedrich und seine Generale, die doch über die am besten schießende Infanterie verfügten, äußerten sich oft genug, - und führten es gelegentlich aus -, die Infanterietreffen doch einfach schnurstracks, mit dem Gewehr über, ohne zu schießen, auf den Feind gehen und ab dreißig Schritt mit dem Bajonett bearbeiten zu lassen. Wie Winterfeldt sagte:
»Kerls, immer mit die Bajonetter hinein in den Feind!«

Wie konnte es dazu kommen, daß Fachleute wie die preußischen Militärs an der Feuerkraft ihrer Infanterie zweifelten, die sie doch durch mühsamen Drill aufgebaut hatten? Es war die Realität, an der sie wenig ändern konnten. Man kann sogar die Frage aufwerfen, ob die Infanteriekämpfe der Schlesischen Kriege durchs Bajonett oder mit dem Gewehr entschieden worden sind. Ein paar Zahlen: Die Reichweite der Gewehre betrug etwa 400 Schritt (100 Schritt = 80 Meter). Soweit flogen die Kugeln, und wenn sie gar trafen, klatschten sie meist am Ziel wirkungslos ab. So gab Friedrich denn auch meist Befehl, erst ab 300 Schritt zu feuern, aber als tatsächlich wirksam galt das Feuer aus dem »kleinen Gewehr« ab 200 Schritt. Der 1745 auf Seite der Franzosen mit Friedrich verbündete Marschall Moritz von Sachsen schrieb 1732 lakonisch: »Wenn der letzte Krieg noch einige Zeit angedauert hätte, so würde man ohne Zweifel sich mit der blanken Waffe geschlagen haben, weil man die Übertreibung des Feuers einzusehen begann.«

Einige Truppenoffiziere, die mit vorzugehen hatten, waren aus ganz praktischen Gründen gegen das Feuern aus der marschierenden Linie eingestellt: Das Stehenbleiben, Niederknien, Laden und Feuern schadete der »Contenance«, dem »unerschrockenen« Vorgehen in gerader Linie. In einer Disposition von 1742 behauptet Friedrich,
»...daß man den Feind nicht so sehr durch das chargieren wegschlägt, als daß man ihn vielmehr, sozusagen wegdrängen muß.«
Brachten also die Bajonette die Entscheidung? Auch über sie gab es Kritik genug, manche Augenzeugen berichteten gar, es wäre selten zum gegenseitigen Abstechen gekommen. Doch die Ereignisse von Hohenfriedeberg stellten eines klar: alle hatten recht und unrecht zugleich! Auf beiden Seiten blieb im großen und ganzen alles beim alten System, bessere Ausbildung und Führung hatten schon immer den Ausschlag gegeben, die Motivation der Soldaten, die noch durchwegs Söldner waren, war noch nicht so ausschlaggebend wie im nächsten Krieg.

Daß Friedrich nach seiner ersten Schlacht (Mollwitz) der Kavallerie einige Lektionen verpaßt hat, ist bekannt und soll hier nicht näher erläutert werden. Über die Taktik, wie sie einzusetzen sei, gab es bei Hohenfriedeberg keine Diskussionen mehr: Sie hatte allemal den Feind zu attackieren, sich niemals selbst attackieren zu lassen. Schießen vom Pferde aus während des Angriffs war untersagt, was leicht verständlich ist, wegen der Schwierigkeiten beim Laden und Zielen. Wer als erster und am entschlossensten anritt, hatte meist den Erfolg für sich. Im allgemeinen maß man der Kavallerie, sozusagen als letzten Hammer, die Schlachtentscheidung zu: Gnadenloser Angriff auf die erschöpfte oder bereits in Unordnung geratene gegnerische Infanterie, niederhauen wer immer erreichbar war, Verfolgung der Flüchtenden, Überreiten und Ausschalten feindlicher Batterien. Eine Anweisung Friedrichs sagte ganz deutlich, daß, nachdem die eigene Kavallerie die feindliche geworfen habe, sie sich unverzüglich über die Infanterie des Gegners hermachen solle, möglichst aus der Flanke oder von hinten. Die preußischen Dragoner werden bei Hohenfriedeberg das klassische Beispiel eines solchen Einsatzes liefern...

Husaren waren leichte Kavallerie, zum Herumstreifen, Stöbern, Aufklären und zur Belästigung des Gegners bestens geeignet. Die Österreicher waren hierin Meister des Fachs. Ging eine Armee vor, ritten Husaren und Feldwachen 600 bis 800 Schritt voraus, um aufzuklären und feindliche Aufklärer zu vertreiben. Sie sorgten auch dafür, Desertionen zu unterbinden und etwa desertierte Soldaten wieder einzubringen. Auch die Bewachung der Lager besorgten Berittene. Den sogenannten »kleinen Krieg« beherrschten die Österreicher so ausgezeichnet, daß die Preußen sie immer wieder zum Vorbild nahmen. In den Manövern bei Potsdam 1744 ließ Friedrich intensiv jene Realitäten üben, die er voraussah: Vorrücken großer Infanteriemassen, die an den Flügeln von starken Kavallerie-Einheiten begleitet und gedeckt wurden. In einer Disposition, »Wie sich die Offiziere von der Kavallerie in einem Treffen gegen den Feind zu verhalten haben«, ausgegeben am 25. Juli 1744, wurde zur Vermehrung der Stoßkraft einer Attacke festgelegt, daß nun nicht mehr 100, sondern 200 Schritt im Galopp zurückzulegen seien:
»...den Pferden die Zügel abandonniren und hineinjagen...«

Mit dem »Eigenleben«, das die preußische Kavallerie früher gern gepflegt hatte, sollte Schluß sein: Die ganze Armee, vom König bis zum Spielmann, hatte in der Schlacht eine Schicksalsgemeinschaft zu bilden. Schon wenige Jahre später konnte Friedrich schreiben:

»Die Preußen sind ihren Feinden an Ausdauer überlegen, weil die Offiziere, die keinen anderen Beruf kennen und keine andere Aussicht haben als im militärischen Dienst, sich durch Ehrgeiz und Tapferkeit auszeichnen, die alle Proben bestehen, und weil der Soldat Selbstvertrauen hat und den ausgesprochenen Ehrgeiz, niemals zu weichen, so daß man viele verwundet weiterkämpfen sah, und schließlich, weil das ganze Korps stolz ist auf seine schönen Waffentaten, und mit Verachtung und Hohn auf jeden Soldaten herabblickt, der sich im Kampf verzagt gezeigt hat.«

Nun, das klingt ein wenig idealisiert und entspricht auch nicht den Realitäten auf dem Schlachtfeld.
Hier, auf dem Schlachtfeld, triumphiert die Praxis über die Theorie. Denn die Vorstellungen und Wünsche der Kombattanten sind natürlich identisch: den Feind schlagen. Was man sich hierzu ausdenken kann, zeigt das Kapitel »Ars belli«.

An der Entwicklung des »großen Gewehrs«, der Kanone nämlich, hat Friedrich viel Interesse gezeigt, wenn ihm hier die Österreicher auch wieder einige Schritte im voraus waren. In einem Brief an den Alten Dessauer schrieb er:
»Ich bin gesonnen vor Ew. Liebden unterhabende Armée auf das künftige Jahr eine neue Feldartillerie machen zu lassen, dergestalt daß solche aus 60 3pfdgen (dreipfündigen) Canons bestehen soll, hiergegen Ich alle die 6Pfder abschaffen und umgiessen lassen will, weil erstere besser zu tractiren seynd und damit geschwinder gefeuert werden kann...«
Im August 1744 gab Friedrich die Disposition heraus, »welchergestalt sich die Artillerie in einer Hauptaction mit dem Feinde zu verhalten habe«. Obwohl er später die 24-Pfünder, die sogenannten »Brummer« schätzen lernte, kam es ihm darauf an, eine bewegliche Artillerie einsetzen zu können, die entweder der Truppe rasch folgen oder ihr sogar vorausgehen konnte - dann von Soldaten, nicht von Pferden gezogen. Bei Hohenfriedeberg wurden seine Vorstellungen beinahe vollständig verwirklicht.
»Duelle« der Artillerie gab es noch nicht. Um wirksam mit Kartätschen feuern zu können, sollten die schweren Geschütze bis auf 600 Schritt an den Feind geführt werden, möglichst erst die Kavallerie beschießen und in Panik bringen, dann auch auf die Infanterie gehen; störte die feindliche Artillerie zu sehr und konnte sie von Infanterie und Kavallerie nicht zum Schweigen gebracht werden, sollte auch sie unter Feuer genommen werden. Die gleichmäßige Verteilung der Artillerie auf die Schlachtlinie entsprach noch ganz den Gedanken und Vorstellungen der Lineartaktik und Parallelschlacht, aber Friedrich lernte aus Fehlern und drang darauf, die Wirkung der Geschütze zu erhöhen. Die 192 Geschütze der Preußen bei Hohenfriedeberg teilten sich wie folgt auf:
138 3-pfündige Regimentsgeschütze,
15 10-pfündige Haubitzen,
27 12-Pfünder,
8 24-Pfünder und
4 10-pfündige Mörser.
Die Bedienung der Regimentsgeschütze sollten laut Reglement 4 bis 6 Kanoniere und die Zimmerleute übernehmen, aber in der Praxis des Gefechts mußten oft genug die Musketiere mit einspringen.
Wie weit in allen Armeen der Zeit Instruktionen und Realitäten auseinanderklaffen mochten - wir werden sehen, daß bei den Preußen Ausbildung und Drill dafür sorgten, Pannen und Fehler auf ein erträgliches Maß zu reduzieren.

SPANNUNG UND ERWARTUNG

Mitte Mai 1745 wurde beiden Seiten klar, daß alle Friedensbemühungen ohne Erfolg bleiben würden und die Kriegsvorbereitungen fortgesetzt werden müßten. Friedrich hatte verschiedene Verhandlungen mit Österreich, Frankreich und England führen lassen, die alle gescheitert waren. Denn für Österreich, das nun den Rücken frei hatte, konnte es nur eines geben: die Wiedereroberung Schlesiens. Graf Khevenhüller in Wien nennt »die so höchst wichtige Wiedereroberung von Schlesien das erstere Haupt-Objectum meiner Instruction«.

Die Lage bei den Verbündeten bis zum 2. Juni

General von Stille schreibt aus der Sicht seiner Gegner:
»Die österreichische Armee würde unstreitig zweckmäßiger gehandelt haben, wenn sie nicht so sehr geeilt hätte, die Berge herabzukommen; sie würde besser getan haben, wenn sie sich in denselben längs der Lausitz hin festgesetzt; den preußischen Völkern beständig Verdacht gegeben, und indessen die leichten Truppen auf allen Seiten hätte herumstreifen lassen, um die Armee zu beunruhigen und die Zufuhr desto schwerer zu machen.«
Ähnlich sah es auch der »österreichische Veteran« Cogniazo in seinen »Geständnissen«, nachdem er dargelegt hatte, daß die Österreicher glaubten, Friedrich würde sich 1745 ebenso defensiv verhalten wie 1744:
»...Und doch hätte man sich gerade das Gegentheil vorstellen sollen. Nachdem wir uns der Vestung Cosel bemeistert, die Insurgenten fast ganz Oberschlesien bis auf die Vestung Neisse eingenommen hatten, und die Hauptarmee in Niederschlesien eingedrungen ist, so erforderte die Lage des Königs, wollte er das Land behaupten, nunmehr einen entscheidenden Streich, seine Armee würde sonst durch häufige Detachements geschwächt: seine Finanzen erschöpft worden seyn, wenn er es hätte darauf ankommen lassen, durch den kleinen Krieg, worin die Österreicher wegen der Übermacht ihrer leichten Völker so viel voraus hatten, diesen Feldzug zu Ende zu bringen...«
Als Karl von Lothringen schließlich bei seinen Truppen in Königgrätz eintraf, erhielt er die Meldung, Friedrich hätte seine Armee eng um Frankenstein zusammengezogen und könne sie binnen 24 Stunden versammeln. Noch immer war er der Ansicht, Friedrich zöge sich nach Schweidnitz zurück und meinte: »Es scheint mir ein Leichtes, dann in Schlesien einzubrechen, wo es uns beliebt«. Wenn er auf der ganzen Linie von der Lausitz bis aufs rechte Oderufer vorgehen würde, müßte Friedrich zur Teilung seiner Armee gezwungen werden können.

Oder bei einem mehr nordöstlichen Vorgehen von Königgrätz aus auf Liegnitz müßte man Friedrich vom Nachschub aus seinen Staaten abschneiden können. Und so sah der österreichisch-sächsische Plan aus: Nachdem beide Heere sich zum größten Teil vereinigt hatten, sollten am 20. Mai die Leichten Truppen Nadasdys den Vormarsch beginnen und, nachdem die Vorhut unter Feldmarschall-Leutnant Graf Wallis dazugestoßen war, am 25. Mai das erste Lager auf feindlichem Boden errichtet werden.
Aber schon jetzt zeigte sich, daß die Verbündeten, im Gegensatz zu den Preußen, »keinen Pfeffer im Hintern hatten«, denn der weitere Vormarsch ging so langsam vonstatten, daß der ungeduldige Friedrich ganz verzweifelt wurde; noch war er ja gar nicht sicher, ob die Sachsen überhaupt offensiv werden würden. Schon am 19. Mai hatten diese sich in Königinhof mit den Österreichern vereinigen wollen, aber jetzt kamen sie nicht, und ihre begehrte schwere Artillerie befand sich noch auf der Elbe. Doch General Nadasdy war kein Sachse, sondern Ungar, und es drängte ihn, mit seiner starken Vorhut etwas zu unternehmen. Er griff am 22. Mai die Preußen bei Landshut an, wurde jedoch von Winterfeldt und Stille abgewiesen, die anschließend die Stadt besetzten. Am 26. Mai endlich traf der Herzog von Sachsen-Weißenfels bei seinen Truppen in Trautenau ein, und am 27. Mai suchte ihn Prinz Karl dort auf, um die weiteren Pläne zu besprechen. Man vereinbarte eine Befehlstrennung: Prinz Karl sollte den rechten, der Herzog den linken Flügel der vereinigten Armee kommandieren. So wollte man gemeinsam, bei weiterer Beunruhigung des Feindes in Oberschlesien, über das Gebirge dem König von Preußen entgegenrücken. Im Gegensatz zu einigen anderen Ansichten war Karl von Lothringen durchaus entschlossen, eine Angriffsschlacht zu schlagen:
»Die Festungen können wir förmlich belagern. Ich glaube aber, daß es besser ist, vorher das feindliche Heer aufzusuchen und zu schlagen.«
Das waren ja geradezu echte friderizianische Gedanken...
Aber eine der preußischen Festungen fiel vorher. Es war die Festung Cosel, die noch im Bau war. Verrat soll im Spiel gewesen sein, als Oberst Buccow mit Panduren, Infanterie und Kavallerie in der Nacht zum 26. Mai die Stadt stürmte, 583 Kriegsgefangene machte und 27 Kanonen eroberte. Das war ein Handstreich, wie ihn die leichten österreichischen Truppen liebten und den Eindruck preußischer Hilflosigkeit und Schwäche verstärkte. Und es ging so weiter. Am 28. Mai fiel Neustadt, das Markgraf Karl auf Befehl Friedrichs hatte aufgeben müssen, am 1. Juni wurde Oppeln besetzt, Streiftruppen gingen bis Brieg und sogar gegen Breslau vor. Überall sahen die Schlesier ihre ehemaligen Herren wieder, als auch noch Frankenstein fiel und ungarische Truppen bei Glatz und Strehlen auftauchten. Schon machte der katholische Teil der Bevölkerung Schlesiens gemeinsame Sache mit den Österreichern, was Friedrich unter anderem daran bemerkte, daß ganz eindeutig seine Nachrichtenverbindungen unterbrochen waren. Aus Landshut zogen sich die Preußen unter du Moulin und Winterfeldt wieder zurück, nachdem sie das Anrücken der vereinigten feindlichen Ar-

meen festgestellt hatten; Nadasdy rückte nach. Es mußte den Österreichern und Sachsen in der Tat vorkommen, daß man Friedrich in dieser Art und Weise langsam aber sicher aus Schlesien herausbugsieren könnte. Bis zum 31. Mai hatten sie auch Freiburg und einige kleinere Orte besetzt, Einheiten aus Oberschlesien herangezogen und endlich auch die sächsische Artillerie erhalten.

Verpflegungsrücksichten und Ermüdungserscheinungen bei den Truppen zwangen Prinz Karl und den Herzog von Weißenfels jedoch, am 30. und 31. Mai Ruhetage einzulegen und in Landshut zu verweilen, um erst am 1. Juni mit den Österreichern nach Reichenau aufzubrechen. Der als Kundschafter fungierende Nadasdy meldete, daß man die Preußen von den Höhen bei Freiburg aus in vollem Marsch auf der Straße von Reichenbach beobachten könne. Der Prinz eilte sogleich herbei und sah selbst, wie die Preußen Lager bezogen: Den linken Flügel gegen Schweidnitz, den rechten an Jauernik gelehnt, mit dem vorgeschobenen Korps des Generals du Moulin bei Striegau. Nur drei Marschstunden waren die gegnerischen Heere voneinander entfernt, ein Umstand, der Karl veranlaßte, die Armee in Bereitschaft zu halten.

Aber die Preußen kamen nicht. Darum zogen die Verbündeten am 2. Juni ins Lager von Baumgarten. Prinz Karl gewann jetzt immer mehr die Überzeugung, daß Friedrich sich nicht stellen, geschweige ihn angreifen würde. Dennoch zwang ihn militärisches Denken zu Vorsichtsmaßnahmen: Wälder und Höhenzüge wurden besetzt, Ulanen beobachteten unausgesetzt die Gebirgsausgänge, die Avantgarde wurde auf einer Anhöhe links von Hohenfriedeberg postiert -hier tauchte der Ortsname der kommenden Schlacht zum ersten Mal auf! Den Nachmittag dieses Tages verbrachte Prinz Karl damit, die in die Ebene führenden Wege selbst in Augenschein zu nehmen, denn morgen sollte es losgehen...

Ein preußisches Feldlager in den Schlesischen Kriegen.

Die Lage bei den Preußen bis zum 2. Juni

Der österreichische Veteran Jacob de Cogniazo schrieb später:
»Der König, als er sah daß der Einmarsch der vereinigten Armee in Schlesien keinem Zweifel mehr unterworfen war, hielt sich nicht dabey auf, die Pässe im Gebirge zu besetzen und vertheidigen zu wollen; wohl bekannt mit der Maxime: wer zu viel vertheidigen will vertheidigt nichts, gab er sogar Oberschlesien Preis; zog seine Macht zusammen, und ließ es geschehen, daß seine Feinde ungehindert aus den Gebirgen in die Ebene herabsteigen mochten. Nichts sollte vielleicht einem commandirenden Feldherrn verdächtiger, und gerade der stärkste Beweggrund seyn, seine Aufmerksamkeit und Vorsicht zu verdoppeln, als wenn ihm der Gegner gleichsam selbst den Weg zu seinen Unternehmungen zeigt, und erleichtert. Dies geschah jetzt, und wir gingen nur allzu treuherzig den Weg, der uns zum Verderben führte...«

Und Friedrich berichtete in seiner »Geschichte meiner Zeit«:
»Es galt, die Feinde in Sicherheit zu wiegen. Ihr Dünkel sollte sie bei ihrer Unternehmung zur Nachlässigkeit verleiten. Zu dem Zweck benutzte der König einen Mann aus Schönberg, der beiden Heeren als Spion diente. Er ließ ihn reichlich bezahlen und sagte ihm, er könne ihm keinen größeren Dienst erweisen als durch rechtzeitige Benachrichtigung vom Marsch des Prinzen von Lothringen, damit er selbst sich auf Breslau zurückziehen könnte, noch ehe die Österreicher aus den Gebirgspässen herausgetreten seien. Um den Spion noch mehr in seinem Irrtum zu bestärken, ließ der König Wege nach Breslau ausbessern. Der Spion versprach alles, erfuhr von der Instandsetzung der Wege und eilte zum Prinzen von Lothringen mit der Meldung, daß der Feind fortzöge und daß er niemanden mehr vorfinden würde.«

Am 19. Mai erhielt Friedrich zwei Nachrichten: Die eine war politisch und enthielt die Meldung, daß er von England keine Unterstützung zu erwarten habe, die militärische besagte, daß der Feind endlich mit dem Anmarsch begann, nämlich von Königgrätz nach Jaromierz, mit Verstärkungen gegen Braunau und Trautenau!
Das war die Erlösung, die er solange erwartet hatte und die alle Ungewißheit beendete. Jetzt konnte er auch beginnen, sich eine Meinung über den vermuteten Anmarsch seiner Feinde zu bilden. Von Königgrätz her gab es drei Möglichkeiten: Friedland, Glatz oder Hirschberg; welcher Ort würde das Schlüsselloch auf dem Weg hinein nach Schlesien bilden? Friedrich tippte auf Friedland und traf die notwendigen Maßnahmen. Der alte Krieger General Truchseß wurde abberufen und durch Generalleutnant du Moulin ersetzt, Oberst Winterfeldt gegen Friedland vorgeschoben - Friedrichs Gespür für fähige Männer hatte wieder einmal richtig reagiert.

Nun galt es, die Armee zusammenzuziehen, denn Friedrich erwartete, seinem eigenen Charakter entsprechend, einen raschen und vorläufig ununterbrochenen Vormarsch der Verbündeten. Am 22. Mai sollte sich seine ganze Armee bei Frankenstein vereinigen. Doch Markgraf Karl (von Schwedt) war bereits in diesen Stunden bei Jägerndorf so gut wie abgeschnitten, da sich starke feindliche Kräfte zwischen ihn und Friedrich geschoben hatten. Die Meldungen an ihn, sich durchzuschlagen, kamen bei ihm schon nicht mehr an. Jetzt schlug die Stunde eines Mannes, dessen Name einmal ein Synonym für preußisches Draufgängertum werden sollte: Hans Joachim von Zieten! Vorab gesagt: An der kommenden Schlacht hatte er wieder entscheidenden Anteil, da ihm hier die Gelegenheit dazu geboten wurde, er war der Mann der Zukunft...

Zietens Aufgabe bestand darin, Markgraf Karl von Schwedt, koste es, was es wolle, den königlichen Befehl zur Vereinigung mit der Hauptarmee zu überbringen. Abends am 19. Mai trabte er mit 550 Mann in die Nacht hinein und erreichte bereits morgens um 7 Uhr Neustadt, das gerade einen Überrumpelungsversuch der Österreicher abgewehrt hatte, doch gleich hinter der Stadt wimmelte es von ihnen. Und nun kam, ehe er den Markgrafen erreichte, der echte Zieten hervor: Vorbeigebraust an feindlichen Lagern, durch gegnerische Spähtrupps galoppiert, Vorposten und Wächter getäuscht oder niedergeritten, besetzte Waldstücke umgangen, geschossen, beschossen, dreiste Husaren und Ulanen der Ungarn niedergemacht oder sie abgehängt, dabei die allgemeine Richtung, wenn auch manchmal im Zickzack, unverdrossen eingehalten, bis am Nachmittag um 4 Uhr das Ziel bei Jägerndorf erreicht war - ein echter, original »Zieten-Husarenstreich« war geglückt und der Markgraf konnte sich mit seinen Truppen nach Frankenstein durchschlagen.
Friedrich sparte wie üblich nicht mit Anerkennung. An Markgraf Karl hatte er schon am 23. Mai aus Camenz geschrieben, um ihm für seine Haltung beim Gefecht von Jägerndorf zu danken:
»...Machen Sie allen, die sich hervorgetan haben, in meinem Namen die erdenklichsten Komplimente. Loben Sie die gemeinen Soldaten turmhoch; kurz, sagen Sie ihnen, ich sei unaussprechlich zufrieden. Mit einem Wort, ich bin aufs allerhöchste erfreut, daß dies alles sich unter Ihrem Kommando ereignet hat. An den Truppen zweifle ich nicht; es gilt nur, sie wacker zu führen...«
Umso größer war Friedrichs Enttäuschung, als er jetzt erfuhr, daß die Verbündeten bei Jaromierz schon wieder Halt gemacht und Lager bezogen hatten. Aus dem Westen hingegen kam eine gute Nachricht: Bei Fontenoy in Flandern hatten die Franzosen am 11. Mai die Engländer geschlagen, ein Sieg, der Friedrich zwar erfreute und dem er in erster Euphorie zuviel Bedeutung zumaß, der aber am Lauf der Dinge hier in Schlesien nichts änderte; viel hielt er ja nie von den Franzosen! Aber es war besser, sie zu Freunden statt zu Feinden zu haben - wie im nächsten Krieg um Schlesien! Und er wußte: Jetzt lag es an ihm, ebenfalls einen »11. Mai« zu liefern, um seinen Feinden zu zeigen, daß seine vorjährige

Schwäche nur eine vorübergehende Erscheinung gewesen war und mit Preußen allzeit zu rechnen sei.

Friedrich wußte jetzt: Die Gegner ließen sich offenbar Zeit, und er brauchte ja auch noch einige für die geplante Aufstellung und Versorgung. Bei den Gefechten von Landshut und Jägerndorf hatten seine Soldaten und vor allem die Unterführer bewiesen, daß sie kämpfen und selbständig handeln konnten. Verzögerungen beim Anrücken der feindlichen Armee kamen ihm also vorerst gelegen. Als du Moulin und Winterfeldt, der für seinen Einsatz bei Landshut zum Generalmajor befördert worden war, das Heranrücken der gegnerischen Hauptmacht bemerkten, zogen sie sich geschickt zurück, nicht nur, weil sie sich nicht hätten halten können, sondern auch um Friedrichs Plan, den Feind ins Land zu locken, zu unterstützen. Wie wir bereits erfahren haben, mußte in diesem Sinn auch Landshut wieder aufgegeben werden.

Aus dieser Zeit der Spannung und Erwartung stammen einige markante Aussprüche und Anweisungen Friedrichs, die der Nachwelt erhalten geblieben sind. Als Ende Mai die Sammlung der Armee bei Frankenstein vollendet war, schrieb er dem Alten Dessauer:
»Und sobald als ich vermute, daß sie (die Feinde) die Berge können passieret haben, so werde sie in Gottes Namen auf den Hals gehen.«
Es galt jetzt, die Zaghaften und Zauderer aufzumuntern und zu ermutigen. Einer von ihnen ist Minister von Podewils in Berlin, der, wie alle von Friedrichs Bürokraten, überhaupt gegen den Krieg gewesen ist. Friedrich schrieb ihm Ende April:
»Ich habe den Rubikon überschritten und entweder will ich meine Macht behaupten, oder alles soll untergehen und alles, was preußisch heißt, mit mir begraben werden. Wenn der Feind etwas beginnt, so werden wir ihn so gewiß besiegen, oder wir werden uns alle niederhauen lassen, für das Heil des Vaterlandes und für den Ruhm der Dynastie. Mein Entschluß ist gefaßt; was Ihr auch unternehmen mögt, es ist unnütz, mir davon abraten zu wollen. Welcher Schiffskapitän ist feige genug, wenn er sich vom Feind umringt sieht, wenn er alle Anstrengungen gemacht hat, sich loszumachen und keine Rettung mehr sieht, daß er dann nicht hochherzig die Lunte in den Pulverraum wirft, um den Feind um seine Erwartung zu trügen. Denkt an die Königin von Ungarn, an diese Frau, die nicht verzweifelte, als ihre Feinde vor Wien standen und ihre blühendsten Provinzen überschwemmten; und Ihr wollt nicht den Mut dieser Frau haben. Jetzt, da wir noch keine Schlacht verloren haben, da noch keine Schlappe uns beigebracht ist und da ein glücklicher Erfolg uns höher steigen lassen kann, als wir jemals gestanden haben...«

In den ersten Sätzen dieses Briefes allerdings offenbarte sich Friedrichs Mentalität in erschreckender Weise:

Es ist dieses »Alles oder Nichts!«, das ihm von vielen Seiten, später besonders auch von seinem Bruder Heinrich vorgeworfen wird.
Seine Minister und Soldaten werden bis 1763 noch öfter derartiges zu hören bekommen...
Nachdem Friedrich General La Motte, der ihm gegen die in Oberschlesien hausenden Ungarn nicht scharf genug vorgegangen war, ungnädig verabschiedet hatte, ermahnte er dessen Nachfolger Generalmajor Hautcharmoy mit folgenden Worten:
»Emportiert Euch allezeit wie ein tapferer Mann und menagiert den Feind nicht, und unterrichtet Eure Offiziers, ebenso gesinnt zu sein. Ich will keine timiden Offiziers haben; wer nicht dreist und herzhaft ist, meritiert nicht in der preußischen Armee zu dienen. Saget solches allen Euren Offiziers und Subalternes.«
Doch auch Hautcharmoy agierte nicht wunschgemäß, so daß Friedrich deutlicher werden mußte:
»Wenn Ihr wollet, daß ich Euch lieb behalten und affektionieren soll, so müßt Ihr gegen den dortigen Feind nicht sowohl defensive als auch offensive gehen, alert sein und denselben bald hier bald dort alarmieren, um ihn in Echec und Respekt zu halten.«
General von Bredow bekam in Jägerndorf zu lesen:
»...ein Mensch, der sein Handwerk versteht, kann einen schlechten Ort defendieren, und ist dies eine Gelegenheit, da er sich darüber freuen soll, weil er dadurch seine Kapazität bezeugen kann.«
Auch Graf Truchseß, für den Hohenfriedeberg die letzte Schlacht werden sollte, wurde heruntergeputzt, weil er »zuviele Stafetten« schickte. Das war Friedrichs Originalton, und nur wenige Männer seiner Gesellschaft konterten maßgeschneidert; zum Beispiel Winterfeldt, der ein ihm von Friedrich zugedachtes Denkmal, - nur bei hervorragenden Leistungen, versteht sich -, mit humorigen Worten ablehnte:
»...so will ich lieber das Geld davor (dafür) nehmen und mich in Kloster Grüssau abmalen lassen, allwo ein Maler sein soll, der vor (für) drei Taler ein ganz Porträt in Lebensgröße malt.«
Im großen und ganzen waren Friedrichs Generale scharf aufs Schlagen, wie General du Moulin in seiner trockenen Art bewies:
»Die gute Nachricht, daß die Franzosen die Alliierten bei Tournai (Fontenoy) gut gekloppt, hat mich ungemein erfreut; Gott wird geben, daß Eure Königliche Majestät desgleichen hier in Schlesien auch tun werden.«
Friedrich frohlockte in einem weiteren Brief an Podewils:
»Ich habe den Geist aller meiner Offiziere auf den Ton in die Höhe gestimmt, wie ich es nur wünschen kann. Ich habe ihnen Freudigkeit und Zuversicht eingehaucht, und wir werden alle unsere Schuldigkeit tun und mit unserem Blut besiegeln, daß die Feinde sich täuschen, wenn sie uns unwürdig zu behandeln oder uns eine Handlung abzunötigen denken, welche die Ehre des Staates oder die Ehre eines jeden von uns insbesondere verletzen würde.«

Man freute sich allgemein auf die »Bocksprünge«, mit denen die Verbündeten als ungebetene Gäste nach Böhmen zurückeilen würden...

Für Friedrich galt es gegen Ende Mai, den »Anschluß« an den heranrückenden Gegner nicht zu verlieren, den Abstand also nicht zu groß werden, gleichzeitig ihn im Glauben zu lassen, er zöge sich weiter nach Schlesien hinein zurück. Daher beschloß er, sich ihm vorzulegen. Am 30. Mai marschierte er von Frankenstein nach Reichenbach in eine Stellung, deren linker Flügel in Reichenbach stand, deren rechter an Ober-Gräditz stieß; sein Hauptquartier befand sich in Faulbrück. Schon am 1. Juni ging's weiter, an Schweidnitz vorbei in ein Lager, das sich an Schweidnitz und Jauernick lehnte; mit dem Hauptquartier in Jauernick. Von hier aus setzte sich die Vorhut unter General du Moulin mit sieben Grenadierbataillonen, zehn Schwadronen Dragonern und zwei Husarenregimentern gegen Striegau in Bewegung. Nachdem noch die Avantgarde und andere Einheiten bei Stanowitz, Zedlitz und dem sogenannten Nonnenbusch postiert worden waren, »stand« am 2. Juni die preußische »Front« im wesentlichen.

Von vornherein befanden sich die Preußen im Vorteil: Ihre Front war in den meisten Teilen durch Höhenzüge und flache Bergrücken verdeckt und weniger einsehbar, während sie selbst das Gelände, in dem der Gegner erwartet werden durfte, beobachten konnten. Ihre Außenposten standen weit voraus und konnten jede Meldung sofort nach hinten gelangen lassen, während die feindlichen Aufklärer und Vorposten gewärtig sein mußten, in Hinterhalte und Gefangenschaft zu geraten. Die offizielle preußische Relation bemerkt denn auch zu diesen Verhältnissen:
»Alle diese Korps und die Haupt-Armee campirten hinter Bergen, wo man sie nicht gewahr werden konnte, und es war verboten, im Lager den geringsten Lärm zu machen, noch ein Zeichen des Lebens von sich zu geben, ja selbst der General von Winterfeldt hatte Ordre, nur kleine Husaren-Patrouillen auszuschicken, welche sich aber auf Annäherung der Feinde sogleich retiriren sollten, um sie dadurch bei ihrer Sicherheit zu unterhalten. Den 31. Mai, 1., 2. und 3. Juni wendete der König dazu an, alle Gegenden zu recognosciren, wodurch der Feind einbrechen konnte, indem die Absicht Seiner Majestät von Anfang her dahin gegangen, sich durch die Beschützung einer Kette vom Gebirge, welche 16 deutsche Meilen in der Länge betragen, nicht kindisch zu amüsiren, sondern den Feind auf der geöffneten Passage wohl zu empfangen.«

Dem Alten Dessauer, Intimus sowohl Friedrichs als besonders auch Friedrich Wilhelm I., ging aus Camenz folgender Brief zu, der wegen seines kuriosen Deutsch lesenswert ist:

»Ich erhalte Eben die Nachricht das die Österreichische Armée in anmarsch ist nach Schlesien über Fridlandt einzubrechen Morgen sondire das Lager bei Fran-

ken Stein und Sobaldt als ich vermuthe das sie die berge könen passiret haben So werde Sie in Gottes nahmen auf den Hals gehen und wirdt ein jeder darbei thun, was die Ehre der Preußischen Wafens erfordert. ich avetire Ihr Durchl. hierfon, so baldt unßsere Sachen Decidiret Seindt so werde ihnen Citissime davon avertiren und die Weitere orders Wegen ihrer exspedition und was ich dahin Detachiren kan Schicken. ich bin mit vieler extime Ihr Durchl. Fridrich.«

Kabinettsekretär Eichel war mit im Lager von Jauernick und schrieb am 2. Juni einen Brief an Podewils:
»Ich muß gestehen, daß Gottlob die Regimenter der hiesigen armée in gutem Stande seyndt, und man wohl nicht leichte mehreren guten Willen und besondere Lust zu einer an sich schweren Sache finden kan, als die hiesige armée bezeiget und vom höchsten bis zum niedrigsten recht sehnlich verlanget...«

In diesen Tagen entwickelte sich General Winterfeldt zu einem jener Mitarbeiter, die Friedrich sich stets gewünscht hatte, deren er in kommenden Kriegen dringend bedurfte: Gehorchen ja, aber eigene Initiative zeigen und selbständige Gedanken zu Papier bringen! Am 30. Mai schrieb Winterfeldt an Friedrich seine Ansicht über die weiteren Ereignisse:
»Daß Sie (die Feinde) herauskommen werden glaube ich gantz gewiß, was Ihnen aber dazu bewegt, deshalb kann ich keine andere Ursache einsehen, als daß Sie mit Blindtheit geschlagen, Ihr Maaß voll und von der Vorsehung zum Schlachtopfer destiniret seyen, als worzu Ihnen die Säckschen Geschwindt Stück den Muth inspiriren müssen.«

Daß die Österreicher ganz anders dachten, beweist ihr Verhalten in den bereits besetzten Gebieten Schlesiens. Überall, wohin ihre Truppen kamen, wurden Patente der »Königin von Ungarn und Böhmen« angeschlagen, welche die Gründe für den Einmarsch in Schlesien darlegten: Es ging um die Wiedereroberung. Um aber die Bevölkerung nicht unnötig aufzubringen, wurde beruhigt, zugesagt und auf Disziplin der Truppen geachtet: Soldaten, die nicht parierten, wurden neben den Marschstraßen aufgehängt; allen Bürgern und Bauern wurde das Führen von Waffen untersagt; und den Evangelischen wurden alle Freiheiten zugesichert, die der Vertrag von Altranstadt am 1. September 1707 ihnen gebracht hatte - aber daß Schlesien wieder habsburgisch werden müßte, daran sollte kein Zweifel gelassen werden.

Umseitig:
Brief Friedrichs aus dem Lager von Camenz an den Alten Dessauer, dem er stets in deutsch schrieb, vom 18. Mai 1745.

Camentz d. 18ten May 1745

Seit dem ich Ihr Durchl. letztens geschrieben seindt hier viele Dinge geendert davon ich ihnen nachricht geben mus umb ihnen meine Idéen zu explitziren. Die Östreichsche Armée stehet hinter Königrätz, und gehet bis Jaromirs, es campiret was weniges davon aber nicht viel, die Saksen komen bei Königstätel zusamen, an der Gräntze bei braunau stehen 4 Regimenter Huzaren 2000 panduren und etwa bis trautenau und Nachhot 5000 regulirten. ich habe dagegen Dumoulin mit 10 grenadir battl. 10 escadrons Dragoner und 23 huzaren escadrons dorten stehen, und wie Meine Nachrichten bis dato seindt so ist weiter dar nichts als das sich kleine partien ins gebürge herein Machen umb Fourage Contributiones etc. zusamen zu treiben. an das Glatzische Stehet nichts bis Nachhot. Meine Zeitungen komen alle darmit überein das die Saksen nich mit agiren wollen sondern in böhmen wollen stehen bleiben.

Den Pr Carl habe mit Sein Corps Nach Jägrendorf geschiket umb das dortige Magazin zu vertzeheren und So wie ich Nachricht vom würklichen aufbruch der Östreicher krige so ist er mit der Jägrendorfer Garnison in 3 tage hier. An der Mährischen grentzen haben die Östreicher 6 regulirte Regimenter und einige 1000 man Landtmilitz haben sie mit Campiren laßen bei Hoff umb der sache ein ansehen zu geben. Darbei stehen 2000 panduren und etwa 1500 huzaren bei olbersdorf und dieße ist die gantze feindliche macht gegen Mähren. Der Caroli hat sich von Creützburg mit Seinem gantzen Schwarm nacher Ratibor Zurücke gezogen und werde ich deßwegen Das Rothenburgische Regiment wieder an mihr Zihen.

Die Saksen haben die Oestreicher den Durchmarsch durch die Laußnitz Plat abgeschlagen, also kan mihr nichts anders als über fridelandt komen. Nuhn beruhet es darauf ob es die Saksen Wagen werden mit in Schlesien zu komen oder nicht, wohrferne sie mit komen So werden wier Sie recht Düchtig zurüke weisen, und ist dan Zeit das Ihr Durchl. die Regimenter die equipage anschafen laßen, dan ist Meine Intention den geschlagenen Feindt zu verfolgen und dan 14000 Man zu Ihr Durchl. Sucurs zu schiken die sich der Magazine bei bautzen und görliß bemeistern Sollen nach dem die elbe bis meißen zurücke Marschiren, von dar können sie Solche Sucurs nacher Witenberg oder wohr sie es nöthig finden hinzihen umb dan Saksen hinter einander wek einzunehmen, ich aber mit der armée werde die exspedition Deken.

General Majohrs habe hier So wenig das ich ohne möglich Ihr Durchl. vohr das erste welche zu Schiken im Stande bin Sobaldt aber wir mit dem feindt Seindt an ein ander Geweßen So Sol alles erfolgen ich bin Mit vieler estime

Ihr Durchl. freundtwilliger Vetter
Friderich.

Leopold, Fürst zu Anhalt-Dessau, Stich von Johann Christoph Sysang.

KRAFT UND STÄRKE

In den Angaben über die Stärke der drei beteiligten Armeen folgen wir am zweckmäßigsten der Arbeit Rudolf Keibels über die Schlacht von Hohenfriedeberg; niemand hat so sorgfältig recherchiert wie er.

Die Preußen

Friedrich standen folgende Truppen zur Verfügung:
52 Musketier- und Füsilierbataillone,
17 Grenadierbataillone,
51 Schwadronen Kürassiere,
50 Schwadronen Dragoner und
48 Schwadronen Husaren.

Nur am Beispiel eines Musketierregiments, das sich aus zwei Bataillonen zusammensetzte, wollen wir die Struktur einer Einheit darlegen: Die sogenannten »Streitbaren« von 1.322 Mann summierten sich aus 42 Offizieren, 100 Unteroffizieren, 1.140 Gemeinen und 40 Spielleuten. Hinzu kamen noch die »Überkompletten« und der Unterstab, Quartiermeister, Feldscher, Prediger, Auditeur, Büchsenmacher und Profoß: Man sieht, auch damals war der Heerestroß erheblich. Nach den vorliegenden Angaben müßte Friedrichs Armee bei Hohenfriedeberg einen Bestand von 65.414 Streitbaren gehabt haben. Aber bei keiner Armee kann Sollstand gleich Iststand sein.

Die Verbündeten

Sie verfügten über folgende Truppen, bei denen Nadasdys Korps, das ja bei Freiburg stehengeblieben war, nicht mitgerechnet ist.

Österreicher

45 Infanteriebataillone,
32 Grenadierkompanien zu Fuß,
60 Schwadronen Kürassiere,
30 Schwadronen Dragoner und
15 Kompanien zu Pferd.

Sachsen

18 Infanteriebataillone,
18 Grenadierkompanien zu Fuß,
4 Schwadronen Garde-Karabiniers,
4 Schwadronen Chevaulegers,
12 Schwadronen Kürassiere,
4 Schwadronen Dragoner und
22 Fahnen Ulanen.

Ein österreichisches Infanterieregiment in drei Bataillonen verfügte über 2.088 Streitbare: 48 Offiziere, 135 Unteroffiziere, 180 Gefreite, 1.590 Gemeine, 75 Fouriere und 60 Spielleute; hinzu ein Stab ähnlich wie bei den Preußen. Die Zahlen für die Sachsen gelten als nicht ganz genau. Nach ihnen dienten in ihren Infanterieregimentern in zwei Bataillonen 1.427 Streitbare: 52 Offiziere, 120 Unteroffziere, 1.188 Gemeine, 12 Fouriere, 31 Spielleute und 24 Zimmerleute, nebst dem Stab.

Nach diesen Angaben hätten die Österreicher 49.350, die Sachsen 22.530, zusammen somit 71.880 Kämpfer in die Schlacht geschickt. Wie wir sehen werden, kam der Kavallerie in dieser Schlacht erheblich mehr Bedeutung zu als in den vorigen Schlachten, besonders der preußischen; ähnliches gilt für die Artillerie, deren Stärke aus den beiden abgebildeten Tabellen zu ersehen ist. Hier fällt das preußische Übergewicht bei den Regiments-Geschützen auf, 138 zu 81, und dies wird nicht ohne Folgen bleiben...

Sollstand der Armeen kurz vor der Schlacht von Hohenfriedeberg

	Preufsen			Österreicher-Sachsen		
Inf. ohne Gren.	52 Bat.	34372		63 Bat.	44163	
Grenadiere . . .	17 Bat. (68 Komp.)	9826		50 Komp.	5328	
Zusammen			44198			49491
Kavallerie . . .	101 Schw.	15666		114 Schw. 15 K.- u. G.-Komp.	20155	
Hus. bezw. Ulan.	48 Schw.	5550		22 Fahn.	2234	
Zusammen			21216			22389
Reg.- u. schwere Geschütze	138 + 54 = 192			81 + 40 = 121		
Summa			65414			71880
			und 192 Gesch.			121 Gesch.

Iststand der Armee bei der Schlacht von Hohenfriedeberg. Der Fehlbetrag betrug bei den Preußen etwa 10, bei den Verbündeten 15 bis 20 Prozent.

Quelle: Rudolf Keibel, »Die Schlacht von Hohenfriedberg«

	Preußen		Österreicher-Sachsen	
Infanterie	etwa 29670		35900	
Grenadiere	8930[1]		4500	
Zusammen		38600		40400
Kavallerie	15745		16400	
Husaren bzw. Ulanen	4155		1900	
Zusammen		19900		18300
Summa		58500		58700[2]

(Geschütze dieselbe Anzahl)

Stand
der österreichischen Hauptarmee im Frühjahre 1745.

Kommandirender General.

Sr. Durchlaucht Prinz Karl von Lothringen.

General Feldzeugmeister,

Thüngen.

Generale der Kavallerie,

Hohenembs.
Berlichingen.

Feldmarschall-Lieutenants zu Fuß.

Wallis.
Daun, Leopold.
Königsegg.
Mercy.
Grünne.
Wolfenbüttel.
Kollowrath.

Feldmarschall-Lieutenants zu Pferde.

Ballayra.
Sachsen-Gotha.
St. Ignon, Karl.
Bennes.
Preißing.
St. Ignon, Franz.
Philibert.
Festetics.
Nadasdy.

General-Feldwachtmeister zu Fuß.

Düngern.
Starhemberg.
Harsch.
Meligny.
Hagenbach.
Puebla.
Durlach.
Hohenau.

General-Feldwachtmeister zu Pferde.

D'Ollone.
Kalkreiter.
Locatelli.
Forgatsch.
Esterhazy, Fürst
Bentheim.
Spada.
Möringer.
Bechinie.
Morocz.
Konitz.
Kuffstein.

	Infanterie. Mann	Kavallerie. Mann
Panduren	2300	
Karlstädter	4000	400
Maroscher Grenzer	800	
Donau Grenzer	500	
Servianer und Albaneser	500	
Aus dem Temeswarer Banat	980	150
Dalmatiner	900	
Die National-Miliz von Raab, Komorn, Gran, Zalnok, Groß-Wardein und Groß-Szigeth		415

Jaszciger und Kumaner		1000
Siebenbürger Insurrektions-Truppen	500	1000
Frei-Compagnie des Crusacz	200	
" " " Magyari		120
" " " Pokisch		100
" " " Strozzi		120
" " " Franquini		100
	10,680	3405

Rekapitulation.

	Mann
Infanterie	48,200
Kavallerie	16,000
Husaren	6500
Irreguläre Truppen zu Fuß	10,689
" " " Pferde	2405
Totale	84,785 Mann.

Stand
der chursächsischen Armee im Jahre 1745.

Feldmarschall.

Herzog zu Sachsen-Weißenfels.

Generale.

Generale der Infanterie.

v. Bole.
Graf Rutowsky.
Baron Diemar.

General der Kavallerie.

Chevalier de Saxe.

General-Lieutenants.

Graf Renard.
v. Jasmund.
Baron Rochau.

General-Lieutenants.

v. Birkholz.
v. Polentz.
v. Arnimb.

General-Majors.

Baron Harthausen.
Graf Kosel.
v. Winkwitz.
v. Frankenberg.
v. Römer.
v. Fürstenhof, } Ingenieure.
v. Landsberg, } Ingenieure.
v. Wiester, Artillerie.
v. Neubour, General-Quartiermeister.
v. Sibilsky.
v. Arnstädt.
Baron Sondershausen.
Pone Rior.
Milkau.
Puchiner.

Regimenter.

Infanterie.

	Bat.	Gren. Comp.	Füs. Comp.	Mann
Grenadier-Garde	2	2	12	1676
Erstes Garde	2	2	12	1676
Zweites Garde	2	2	12	1676
Königinn	2	2	12	1676
Prinz Xavier	2	2	12	1676
Weißenfels	2	2	12	1176
Brühl	2	2	12	1676
Rochau	2	2	12	1676
Kosel	2	2	12	1676
Bellegarde	2	2	12	1676
Almbeck	2	2	12	1676
Nikolaus Pirch	2	2	12	1676
Franz Pirch	2	2	12	1676
Niesemäuschel	2	2	12	1676
Stollberg	2	2	12	1676
Sachsen-Gotha	2	2	12	1676
	32	32	192	26,816

Kavallerie.

		Esk.	Komp.	Mann
Chev. Leg.	Prinz Carl	4	8	736
	Prinz Albert	4	8	736
	Rutowsky	4	8	736
	Sibilsky	4	8	736
		16	32	2944
Dragoner.	Schlichting	3	6	474
	Sondershausen	3	6	474
	Plötze	3	6	474
	Rechenberg	3	6	474
		12	24	1896
Kürassiere.	Garde du Corps	4	8	736
	Karabiniers	6	12	948
	Leib-Regiment	3	5	474
	Königl. Prinz	3	6	474
	Haudring	3	6	474
	Minkwitz	3	6	474
	Vitthum	3	6	474
	l'Annunciade	3	6	474
	Dallwitz	3	6	471
	O'Byrn	3	6	474
		34	68	5476

Summe der ganzen Kavallerie 10,316

Summe der Infanterie	26,816
" " Kavallerie	10,316
Total-Summe	37,132

Österreichischer Infanterist vom Regiment Leopold Daun.

FRIEDRICHS MANNSCHAFT FÜR HOHENFRIEDEBERG

Eines muß man Friedrich lassen: Er hatte durchweg eine glückliche Hand in der Auswahl seiner Mitarbeiter, speziell der wichtigen militärischen. Wer nicht spurte, geriet sofort in Ungnade und wurde entlassen, wer blieb, mußte sich einiges gefallen lassen. Aber seine bösen Randbemerkungen auf Gesuchen und Bittbriefen waren ja damals, 1745, noch nicht bekannt. Friedrich wußte, -bleiben wir im militärischen Bereich -, daß er in einer Welt von Feinden (die er sich freilich selbst geschaffen hatte) nur überleben konnte, wenn er das Letzte aus der Armee herausholte. Auch deshalb seine Sorgfalt in der Auswahl der Truppenführer. Wir wollen hier ebenfalls eine Auswahl treffen und diejenigen Generale und Offiziere vorstellen, die sich bei Hohenfriedeberg besonders ausgezeichnet haben.

Peter Ludwig du Moulin, 1681 bis 1756, ein alter Fuchs auf dem Schlachtfeld, mit 14 bereits ins Regiment des Alten Dessauer eingetreten. Von den »alten« Schlachten machte er mit: Höchstädt, Cassano, Turin und Malplaquet, von Friedrichs bisher Mollwitz und die Belagerung von Prag. Bei Hohenfriedeberg befehligte er den preußischen rechten Flügel gegen die Sachsen, der die Aufgabe hatte, zuerst anzugreifen und die Umfassung des Gegners einzuleiten. Nach der Schlacht blieb er dem geschlagenen Gegner auf den Fersen. Alle ihm gestellten Aufgaben hat er zur Zufriedenheit Friedrichs ausgeführt.

Hans Karl von Winterfeldt, 1707 bis 1757, auch er war schon mit 14 Standartenjunker in einem Kürassierregiment. Vor Hohenfriedeberg ist er an den Schlachten von Mollwitz und Chotusitz beteiligt, genau einen Monat vor Hohenfriedeberg erhält er den Orden Pour le mérite. In unserer Schlacht hat er zwar keinen führenden Posten, zeichnet sich aber bereits mit dem aus, was ihn später für Friedrich wertvoll machen sollte: Umsicht und Intelligenz.

Christoph Ernst Graf von Nassau, 1686 bis 1755, ist 1703 Kapitän in hessischen und erst 1740 als Generalmajor in preußischen Diensten. Im November 1744 verleiht ihm Friedrich den Schwarzen Adlerorden für den glänzend geleiteten Rückzug aus Böhmen. Auch bei Hohenfriedeberg bewährt er sich »durch die Ergreifung und Wahrnehmung günstiger Gelegenheiten«.

Johann von Lehwald, 1685 bis 1768, trat 1699 in kurbrandenburgische Dienste und machte die Schlachten von Höchstädt, Oudenarde und Malplaquet mit, au-

Wilhelm Dietrich von Buddenbrock
1672 - 1757

Johann von Lehwald
1685 - 1768

Karl Albrecht Markgraf von Brandenburg
1705 - 1762

Peter Ludwig du Moulin
1681 - 1756

ßerdem zahlreiche Belagerungen. 1742 verdient er sich den Pour le mérite und Anfang 1745 schrieb ihm Friedrich:
»Ich bin von Euch und der Arth, mit welcher Ihr Euch verhalten gantz ungemein zufrieden und werde dessen Mich gegen Euch lebenslang auf das gnädigste und erkenntlichste zu erinnern ohnvergessen bleiben.«
Als Generalleutnant ist Lehwald bei Hohenfriedeberg auf dem linken Flügel maßgeblich am Erfolg gegen die Österreicher beteiligt.

Wilhelm Dietrich von Buddenbrock, 1672 bis 1757, hat Anfang 1745 den höchsten Rang in der preußischen Armee erreicht: er ist Generalfeldmarschall. Schon bei Chotusitz war er Führer des Kavallerieangriffs gewesen, und auch bei Hohenfriedeberg ist er am rechten Flügel gegen die Sachsen dabei. Er gehörte zu den besten Reiterführern seines Jahrhunderts.

Friedrich Leopold Graf von Geßler, 1688 bis 1762, konnte 1704, als er in österreichische Dienste trat, nicht ahnen, gegen wen er einst seine Sternstunde erleben sollte: eben gegen die Österreicher! 1706 jedenfalls befindet er sich schon in der preußischen Armee und ist 1710 Leutnant. 1742 ist er Generalleutnant und Träger des Schwarzen Adlerordens. Als die Schlacht von Hohenfriedeberg noch »stand«, eines der österreichischen Regimenter aber zu weichen begann, erkannte Geßler als eingefleischter Kavallerist die Gunst der Stunde und griff ein...

Christoph Wilhelm von Kalckstein, 1682 bis 1759, befand sich in hessischen Diensten, als er seine ersten Schlachten mitmachte: Höchstädt und Malplaquet. 1709 wurde er preußischer Major. Bei Mollwitz und Chotusitz ist er bereits Generalmajor, bei Hohenfriedeberg Generalleutnant. Hier kommandiert er das zweite Treffen.

Ernst August de la Chevalerie Baron de la Motte, 1688 bis 1758, trat 1702 in britische Dienste. Nach einigem politischen Hin und Her mit Festungsarrest in Hameln wurde er 1734 preußischer Oberst. 1742 bei der Schlacht von Chotusitz ist er Generalmajor, bei Hohenfriedeberg, wo er auf dem linken Flügel des zweiten Treffens eingesetzt ist, Generalleutnant.

Friedrich Sebastian Wunibald Truchseß Graf zu Waldburg, 1691 bis 4. Juni 1745. Schon 1701 ist er Sekondeleutnant im Regiment seines Vaters, 1707 Stabskapitän. Bei Mollwitz ist er Generalmajor. Nachdem er 1743 Generalleutnant geworden ist und 1744 den Schwarzen Adlerorden erhalten hat, schlägt er bei Hohenfriedeberg seine letzte Schlacht...

Christoph Ludwig von Stille, 1696 bis 1752, begann seine Karriere nicht als Soldat, sondern als Student der Universität Helmstedt. Der Bildung blieb er treu, so daß er außer seiner Muttersprache noch vier Sprachen beherrschte. Doch schon

Samuel von Schlichting
1682 - 1751

Christoph Ludwig von Stille
1696 - 1752

Truchseß Graf zu Waldburg
1691 - 1745

Friedrich Leopold Graf von Geßler

1715 war er Soldat und nahm am Feldzug in Pommern teil. 1740 ist er Oberst und Generaladjutant Friedrichs, als Generalmajor und Kavallerieführer bewährt er sich bei Hohenfriedeberg bestens.

Otto Martin von Schwerin, 1701 bis 1777, ist nach alter preußischer Art bereits 1714 Kornett im Regiment Kronprinz. Als Major ist er bei Chotusitz dabei, wird schwer verwundet gefangengenommen, aber ausgetauscht. Im Mai 1742 wird er Kommandeur des Dragonerregiments Bayreuth, mit dem er seinen Namen bei Hohenfriedeberg in Militärkreisen unsterblich macht.

Moritz Prinz von Anhalt-Dessau, 1712 bis 1760, beginnt seinen Lebenslauf mit: »Als ich sechs Jahre alt war, errichtete mir mein Vater in Dessau eine sogenannte Jungburschen-Kompanie, die aus drei alten Unteroffizieren, zwei Spielleuten und 60 jungen Leuten bestand...«
Kein Wunder bei der Soldatenfamilie des Alten Dessauers! Nun, bei Hohenfriedeberg, wo er am rechten Flügel des ersten Treffens eingesetzt ist, zeigt er sich seines Namens würdig.

Samuel von Schlichting, 1682 bis 1751, ist bereits ein Senior, als er bei Hohenfriedeberg noch einmal eingesetzt wird, als Generalmajor, nachdem er bei Höchstädt, Cassano und Turin seine Feuertaufe erhalten hatte. Bei Hohenfriedeberg bewährt er sich auf dem linken Flügel des ersten Treffens.

Hans Joachim von Zieten, 1699 bis 1786, ist in allen drei Schlesischen Kriegen dabei. Der Begriff »Husaren« hat mit ihm einen legendären Klang bekommen. Bei Hohenfriedeberg kann er sich, im Rang eines Generalmajors, mit seiner Kavallerie, zunächst in Reserve gehalten, richtig austoben und wird hier auf einem seiner Spezialgebiete eingesetzt, der Verfolgung des Gegners...

Friedrich Wilhelm Freiherr von Seydlitz-Kurzbach, 1721 bis 1773, ist bei Hohenfriedeberg zwar noch Rittmeister und deshalb nicht mit Kommandos betraut, aber er zeigt seine Begabung zum echten Reiterführer und hat das Glück, den sächsischen General von Schlichting gefangenzunehmen. Auch er ist, wie Zieten, ein Mann der Zukunft...

Karl Albrecht Markgraf von Brandenburg, 1705 bis 1762, hat zwar mit Friedrichs Vater einige Querelen gehabt, ist aber mit Friedrich selbst gut ausgekommen. Bei Mollwitz wird er verwundet, bei Chotusitz ist er dabei und natürlich auch bei Hohenfriedeberg, wo er als Generalleutnant den linken Flügel des ersten Treffens anführt.

Es ist unmöglich, alle verdienten Kommandeure und Offiziere aufzuführen, doch es sollen noch Friedrichs Brüder August Wilhelm, Heinrich und Ferdinand

Friedrich Wilhelm
Freiherr von Seydlitz-Kurzbach
1721 - 1773

Moritz Prinz von Anhalt-Dessau
1712 - 1760

Christoph Wilhelm von Kalckstein
1682 - 1759

Otto Martin von Schwerin
1701 - 1777

genannt werden, die ihm unerschrocken, teils als Adjutanten eingesetzt, zur Verfügung standen.

Links: Friedrich überreicht Christoph Ernst Graf von Nassau den Schwarzen Adlerorden.

Links unten: Friedrichs Bruder August Wilhelm.

Rechts unten: Friedrichs Bruder Heinrich.

DIE GENERALITÄT DER KÖNIGIN VON UNGARN UND DES KURFÜRSTEN VON SACHSEN

Über die Männer, die Schlesien für Österreich zurückerobern sollen, gibt es bedeutend weniger zu berichten als über die Mannschaft des Verteidigers -sie sind halt weniger in die Geschichte eingegangen! Da ist zunächst Prinz Karl von Lothringen, der für den Feldzug des Jahres 1745 den Oberbefehl über die österreichische Armee erhalten hat. Das heißt nicht, daß er tatsächlich oberster Befehlshaber ist, denn da sind ja noch die Sachsen, die mithelfen sollen, Schlesien heimzuholen, und dies, ohne sich im Zustand des Krieges mit Preußen zu befinden. Der sächsische Oberbefehlshaber, der Herzog von Sachsen-Weißenfels, wird Prinz Karl nicht unterstellt, so daß sich eine zweigeteilte Heerführung ergibt - beide werden dies schwer zu bereuen haben, denn sie haben mit Friedrich einen Gegenspieler, der im wahren Sinn des Wortes alle Fäden allein in den Händen behält.

Der Oberkommandierende und Feldherr Maria Theresias in der Schlacht von Hohenfriedeberg: Prinz Karl von Lothringen.

Teilnehmer an der Schlacht und erst später der berühmte Gegner Friedrichs: Leopold Graf Daun.

Wenn immer wieder behauptet wird, Friedrich hätte mit den beiden schlachtunerfahrene Kontrahenten gehabt, so wird übersehen, daß ja auch Friedrich 1745 noch nicht der versierte Schlachtenlenker späterer Zeiten ist. Hier also steht's sozusagen halbehalbe. Nicht so bei den Generalen und Offizieren der Verbündeten, von denen in der Tat einige mehr Salon- als Kampflöwen sind, besonders bei den Sachsen. Der größte Teil von ihnen setzt sich zwar kampfesmutig, aber führungsmäßig nicht gut genug ein. Das wird den Ausschlag geben. Die wichtigsten von ihnen waren:
Bei den Österreichern: General-Feldzeugmeister Thüngen, die Generale der Kavallerie Hohenems und Berlichingen, die Feldmarschall-Leutnante Wallis, Daun, Grünne, Kollowrat, Bernes, St. Ignon und Königsegg.
Bei den Sachsen: Die Generale Chevalier de Saxe, von Bole, Graf Rutowsky und Baron Diemar, die Generalleutnante von Polentz, von Schlichting, Baron Rochau und Graf Renard.
Der Ablauf des Geschehens zeigt, daß sie alle zwar großen persönlichen Mut, aber kaum besondere Führungsqualitäten mitbringen...

»ARS BELLI«

Johann David Erdmann Preuß, ein Biograf Friedrichs, schrieb über Hohenfriedeberg:
»Hohenfriedberg, für immer auch in anderer Art ein ausgezeichneter Tag in der vaterländischen Geschichte, sieht Friedrichs Heer zuerst nach dem nun entwickelten neuen feldherrlichen Grundsatze seines Führers auftreten, mit dem bestimmten Zweck, den Feind zu umgehen, indem er ihn insgeheim auf einem oder auf dem anderen Flügel angriff, den er von vorn, in der Flanke und dann auch im Rücken bestürmte, um so die ganze Masse der Gegner zu verwirren und zu zerstören.«

Das klingt wie eine militärische Neuigkeit, war es aber nur für Friedrichs Jahrhundert. Wenn Friedrich also anfing, sich mit der Taktik der schiefen Schlachtordnung vertraut zu machen, begab er sich nur in die Gesellschaft großer Berufskollegen und Namen: Epaminondas bei Leuktra und Mantinea, Alexander bei Issus und Arbela, Hannibal bei Cannae und Caesar bei Pharsalus - sie siegten, weil sie ihre Gegner unverhofft in der Flanke packten und deren Schlachtlinien aufrollten. Aus unseren Breiten sei die Schlacht von Altenesch genannt, wo die Stedinger Bauern schließlich vom Flügel her zusammengehauen wurden, und auch Schlieffens berühmter Plan, den man 1914 in die Tat umzusetzen versuchte, war nichts anderes: Die Franzosen weit ausholend umfassen und von Westen nach Osten gegen die deutsche Grenze treiben.

Bei der im 18. Jahrhundert üblichen Lineartaktik »bauten« sich die gegnerischen Bataillone und Regimenter irgendwann, wenn sie sich so nahe gekommen waren, daß die Schlacht unausweichlich wurde, in langen Rechtecken und ein, zwei oder drei Treffen gegeneinander auf und begannen, - nur bei den Preußen im Gleichschritt -, auf sich zuzumarschieren. Oder eine Partei blieb stehen und erwartete den Angriff. Die anmarschierenden Mannschaften gingen auf enge Tuchfühlung, und wer »aus der Reihe tanzte«, aus Feigheit, um zu desertieren, oder weil's ihm schlecht wurde, dem konnte der Offizier das Sponton zwischen die Rippen stoßen. Ab zweihundert Schritt vor dem Feind kommandierten die Offiziere »Halt« und »Feuern« und weiter ging's. Ab dreißig Schritt noch einmal eine dreilinige Bataillonssalve, die meist erheblich wirkte und die Gegenseite bereits zum Wanken bringen konnte, das »Gewehr rechts« und mit Hurra auf und mittels Bajonett auch in den Gegner hinein. Stellte sich der Feind, kam es zu erbitterten Nahkämpfen, in die mit Vorliebe die Kavallerie einzubrechen versuchte, wich er, trieb man ihn vor sich her, stach ihn nieder und warf ihn vom Schlachtfeld. Um seine Vernichtung vollständig zu machen, ritt die Kavallerie in die Flüchtigen hinein. Außerdem gab's noch die Artillerie, die mit Ketten- und Vollkugeln und gehacktem Blei in die Menge schoß. Eine derartige Schlacht, in der die Linien direkt aufeinander losgehen, zeigt die Skizze I.

Skizze II zeigt das Verfahren des Echelon-Angriffs. Mit Zwischenräumen von etwa fünfzig Schritt ließ man die einzelnen Bataillone vorgehen, »ablaufen«, die vordersten hießen dann auch »Attacke«, und dieser gestaffelte Angriff hatte den Vorteil, daß nicht alle Infanteristen zugleich im Kampf standen und zurückgenommen werden konnten, sollte dies aus unterschiedlichen Gründen notwendig werden. Dann war nicht die ganze Armee, sondern nur ein Flügel geschlagen.

Skizze III endlich zeigt einen echten Flügel-Echelon-Angriff wie er Friedrich vorschwebte. Noch im Ersten Weltkrieg nannte man dieses Verfahren »Aufrollen des Gegners«. So konnte ein doppelt starker Gegner ohne weiteres geschlagen werden, denn er war ja an seinem linken Flügel schwächer als der Angreifer und brauchte wertvolle Zeit, Verstärkungen von den Teilen der nicht angegriffenen Linie herbeizuholen. Es ist klar, daß ein solcher Angriff nur bei einer vollständigen Überraschung gelingen kann. Und wie kann man überraschen, wie ist es Friedrich in seinen klassischen Schlachten gelungen? Bei Hohenfriedeberg war die Nacht sein Bundesgenosse, eine sternenklare, kurze Juninacht...

Vor Hohenfriedeberg hatte Friedrich erst zwei Schlachten geschlagen, genau genommen erst eine, denn bei der ersten, Mollwitz, hat er wenig zu sagen gehabt

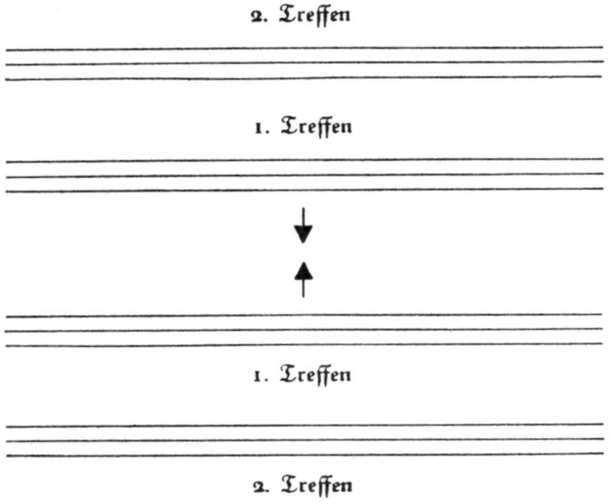

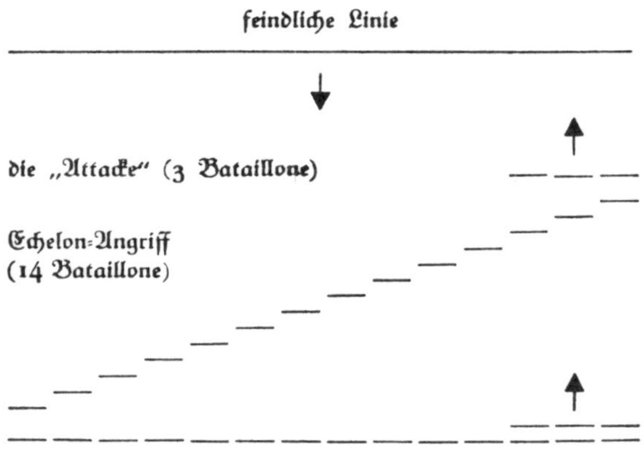

Ausgangsstellung der 17 Bataillone

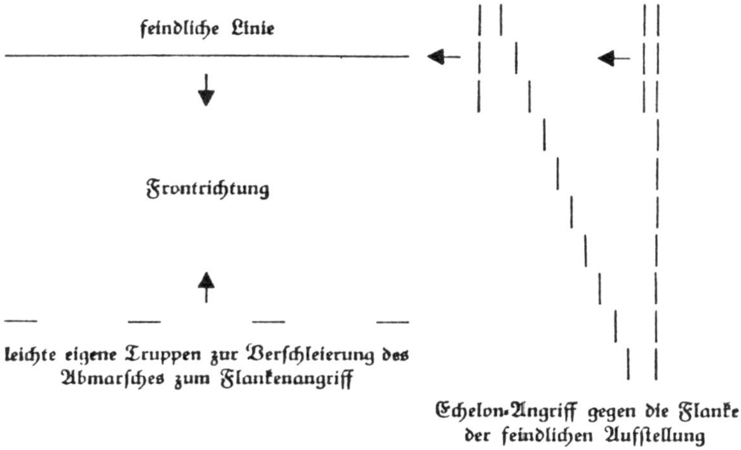

und sich vom Schlachtfeld wegschicken lassen. Im Feldzug von 1744 hat die preußische Armee unter seiner Führung ebenfalls keine Lorbeeren ernten können, so daß im Frühjahr 1745 Europa keinesfalls von einem neuen Feldherrngenie sprach. Aber Friedrich war lernwillig wie kaum ein absoluter Herrscher seiner Zeit, fleißig und in der Geschichte der Kriege belesen; nur wenige Jahre, und er wird sich sogar unter die Militärschriftsteller einreihen!

Schon 1740 war ihm klar, daß Preußens Kriege von kurzer Dauer sein müßten, denn sein Staat war arm und klein, gemessen an damaligen europäischen Normen, leicht auszuhungern und von allen Seiten angreifbar. Als er 1745 den Österreichern und Sachsen gegenüberstand, war ihm diese Drohung durchaus bewußt, eine Gefahr, die im nächsten Krieg zur Frage des Überlebens wurde: Sein Staat konnte mit dem Verlust des Krieges ausgelöscht werden, er selbst aber mit einem Sieg nur den Status quo erreichen. Diese Überlegungen müssen wir anstellen, um Friedrichs Drang nach Entscheidungsschlachten zu verstehen.

1745 ging's gegen Österreicher und die Sachsen. Boten diese »alle Mann« auf, mußte er ihnen unterlegen sein und könnte einen Ausgleich nur mit besserer Truppenqualität und überlegener Führung schaffen. Genau dieses geschah. Friedrich zügelte sein Draufgängertum und legte sich auf die Lauer. Wollen wir seine Kunst, Krieg zu führen begreifen, müssen wir ihn mit seinen Kontrahenten vergleichen:

»Jeder Feldherr ist so gut wie sein Gegenspieler schlecht ist!« Prinz Karl von Lothringen, dessen Bruder bald Kaiser des Heiligen Römischen Reiches Deutscher Nation sein wird, und der Herzog von Weißenfels als Anführer der Sächsischen Armee sind seine Kontrahenten, zwei Männer, mehr Kavaliere als Strategen, die nichts als Ansehen und Titel zu verlieren haben. Sie besitzen disziplinierte, gut ausgebildete Truppen, die motiviert sind, die Preußen aus Schlesien zu werfen, dazu unerschöpflich Material aus einem reichen, weiten Hinterland. Aber sie haben gleich mehrere gravierende Fehler und Schwächen:

1.) Sie sind keine »geborenen« Soldaten, wie Friedrich einer ist.
2.) Sie identifizieren sich demnach nicht mit dem gemeinen Mann und bringen es zum Beispiel nicht fertig, mitten unter ihnen zu essen und zu kampieren, am Lagerfeuer, wie ihre Soldaten nur in einen schäbigen Mantel gehüllt.
3.) Sie sind vollständig in den Traditionen ihres Jahrhunderts verhaftet und gehen Feldzüge und Schlachten zu methodisch, vor allem zu langsam an; das kann man mit einem Gegner wie Friedrich nicht machen.
4.) Sie sind, jetzt hier vor Hohenfriedeberg, allzu siegesgewiß und damit sorglos.
5.) Sie führen nicht »vor Ort«, wodurch sie oft nicht ausreichend informiert sind, zumal ihre Unterführer nicht so selbständig handeln wie die Friedrichs. Und schließlich,
6.) sie haben noch jemanden über sich: Monarchen beiderlei Geschlechts, die sich natürlich im Feld nicht sehen lassen...

Alle diese aufgeführten Schwächen der gegnerischen Feldherrn können Friedrich zwar nicht den Sieg garantieren, aber wie sehr sie in die Waagschale fallen, sollten die kommenden Stunden zeigen.

Zeichnung Friedrichs zu seinen Instruktionen zur schiefen Schlachtordnung

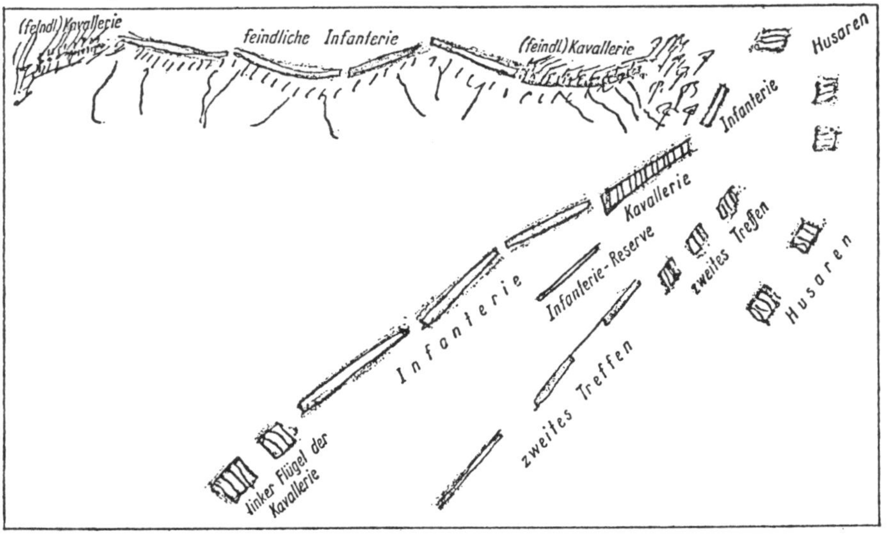

DER 3. JUNI 1745

Ein Oberleutnant Wagener schrieb vor dem Ende des Zweiten Weltkrieges, also noch ehe 1945 der große östliche Sturm über dieses Land hinwegbrauste: »Wenn man von dem Städtchen Striegau aus eine Wanderung über Pilgramshain, Eisdorf, Günthersdorf, Hausdorf nach Hohenfriedeberg unternimmt oder von dem Breiten Berg bei Striegau den schönen Rundblick genießt, der diese Dörfer bis an das nahe Gebirge bei Kauder und Hohenfriedeberg umschließt, und wenn man die Gabe hätte, zweihundert Jahre zurückzuschauen, dann böte sich folgendes Bild:

Die jetzt fruchtbare Landschaft ist von zahlreichen morastigen Gräben durchzogen, die heute grünen Wiesen liegen zum Teil als unwegsame Sümpfe vor uns, ein Teil ist überschemmt; die ausgebauten Straßen erscheinen als schmale, schlecht unterhaltene Feldwege, und das ganze Gelände ist von kleineren und größeren Waldstücken besetzt, welche die Übersicht erschweren. In der mit Erlenbüschen bestandenen, feuchten Beeleniederung zwischen Günthersdorf und Pilgramshain, Gule genannt, sieht man vier mit Dämmen versehene ansehnliche Teiche. Aber nicht nur landschaftliche Veränderungen fallen dem geistig Zurückschauenden auf: dem militär-entwöhnten Auge des Zeitgenossen bietet sich in dieser Landschaft des 3. Juni 1745 auch ein prächtiges militärisches Schauspiel.

Es ist gegen 4 Uhr nachmittags.

In acht starken Kolonnen ergießt sich unter klingendem Spiel und fliegenden Fahnen die österreichisch-sächsische Armee unter Führung des Prinzen Karl von Lothringen und des Herzogs von Sachsen-Weißenfels von den Bergen in die Ebene bei Rohnstock. Jede Bewegung und Marschveränderung der Truppen ist zu erkennen, die Regimenter in ihren weißen und bunten Uniformen, Infanterie, Kavallerie und Artillerie sind genau zu unterscheiden. Bei eintretender Dunkelheit rücken sie in die ihnen zugewiesenen Stellungen und Quartiere von Schweinz über Günthersdorf nach Pilgramshain. Die stille, friedliche Landschaft ist wie umgewandelt. Tausende von Lagerfeuern leuchten auf, aus den Dörfern hört man das Geschrei der ausgeplünderten Bauern, die eilig ihre Höfe verlassen müssen, Ordonnanzoffiziere sprengen hin und her, Soldatenlieder, Trommelwirbel ertönen, Signale werden geblasen. Die Generale begeben sich in die Dörfer hinter ihrer Brigade. Die Kavallerie hat abgesattelt und abgezäumt. Ein großer Teil der Infanterie, der erst während der Nacht anlangt, lagert, wo man Platz findet. Ein großes Gastmahl führt viele Offiziere in das Schloß zu Rohnstock. Außer dem Leser beobachtete vom Breiten Berg aus noch ein Zuschauer das schöne Schauspiel, welches der Einmarsch der Verbündeten in die Ebene gewährte: Der König von Preußen.«

Soweit unser Oberleutnant, seine Schilderung faßt im großen und ganzen in wenigen Worten die Ereignisse des 3. Juni 1745 zusammen. Aber dieser »Vortag der Geschichte« muß natürlich näher untersucht und ausführlich dargelegt werden. Aus vielen, teils widersprüchlichen Berichten ist ein Ganzes zusammenzufügen...

Der Tag bei den Verbündeten

Das österreichische Hauptquartier war am Abend des 2. Juni nach Baumgarten, das sächsische nach Bolkenhain verlegt worden. Prinz Karl schrieb an seinen Bruder, Großherzog Franz, um Mitternacht einen Brief:
»Ich schreibe nur vier Zeilen, um Ihnen, mein lieber Bruder, zu melden, daß die ganze Armee versammelt ist und daß ich morgen in die Ebene hinabsteige. Ich habe meine Vorbereitungen derart getroffen, daß ich glaube, der Feind wird Mühe haben, uns dies zu verhindern. Er ist im Begriff, seine Stellung zu verändern, in welche Richtung ist noch ungewiß.«
Hier offenbart sich der große Irrtum, dem die Verbündeten schließlich erlagen: Daß nämlich Friedrich nie die Absicht gehabt hat, ihnen den Abstieg aus den Bergen streitig zu machen. Um 7 Uhr am 3. Juni traf sich die verbündete Generalität auf dem Galgenberg, um das weitere Vorgehen zu erörtern. Unter diesen Männern waren zwei, mit denen Friedrich später noch unangenehm zu tun haben wird: der Ungar Nadasdy und der Österreicher Leopold Daun. Man war allgemein der Ansicht, die Preußen würden sich bei weiterer entschlossener Annäherung zurückziehen, vielleicht sogar bis Breslau, und daß man dann den Ort einer entscheidenden Schlacht selbst bestimmen könnte. In diese optimistische Stimmung platzte die Nachricht eines Kundschafters, der, nach Friedrichs späteren Angaben, einer seiner Spione und Agenten war. Dessen Meldung hat uns Prinz Ludwig Ernst von Braunschweig, - ein Braunschweiger und nicht in Preußens Diensten! -, überliefert:
»Der König sei gantz confus in Schweidnitz und die Armee finge schon wirklich an, sich gegen Breslau zu retiriren, es wäre eine schreckliche consternation unter ihnen, indem die Insurgenten von der anderen Seite auch kämen und wirklich schon Frankenstein besetzt hätten.«

Sorglosigkeit verführt zur Gemächlichkeit, im Zivilleben ein nicht zu beanstandender Faktor, aber auf der Gegenseite stand eine Armee, die bewiesen hatte, daß sie unter einem großartigen Antreiber zu verblüffenden Marschleistungen fähig war! Gewiß hatten die Verbündeten recht in ihrer Auffassung, daß Friedrich ihnen den heutigen Abstieg in die Ebene nicht verwehren konnte, aber es bleibt bis heute ein Rätsel, warum dieser Abstieg erst in der Mittagszeit begann.

An die Soldaten ergingen nun die Befehle, abzukochen und sich in Bereitschaft zu halten, damit der Abmarsch pünktlich um 12 Uhr beginnen könne. Da Prinz Karl trotz der Meldungen seiner Kundschafter glaubte, am 5. oder 6. Juni zur Schlacht zu kommen, ordnete er an, daß alle für eine Schlacht unnötige Bagage in und hinter den Bergen zurückzubleiben habe. Komplizierte Zeitberechnungen und umständliche Befehle für den demonstrativen, gleichzeitigen Austritt aus dem Gebirge verzögerten den Aufbruch.
Die Sachsen sollen's gewesen sein. Denn der rechte, aus Österreichern bestehende Flügel stand bereits um 1 Uhr an den Pässen, um hinabzusteigen, während der linke Flügel, die Sachsen, erst gegen 4 Uhr aufbrach. Das vereinte Heer marschierte in acht Kolonnen durch die vier Pässe zwischen Hohenfriedeberg und Kauder: die Kavallerie außen, Infanterie und Artillerie innen. Natürlich hatte man schon Tage vorher nach vorn aufgeklärt, Prinz Karl selbst hatte am 2. Juni die Gebirgspässe besichtigt. Wie üblich gingen die Vorhuten an den Flügeln voraus, sicherten und vertrieben Vorposten und Vorhuten des Feindes. Nun entfaltete sich das vorher beschriebene imposante Schauspiel: Bei strahlendem Wetter, flatternden Fahnen und unter den Klängen der Militärkapellen »quollen« die Teten (Spitzen) der Heersäulen aus den Pässen in die Ebene hinab. Das ließ alle Militärherzen höher schlagen, sowohl jene der beiden Oberkommandierenden, Prinz Karl und Herzog von Sachsen-Weißenfels als auch die ihrer Generale; das lohnte schon das üppige Mahl unter freiem Himmel! Um 5 Uhr waren alle Truppen aus dem Gebirge getreten und hatten sich sofort in Schlachtordnung aufgestellt, die Linie reichte von Schweinz bis Kauder. Wo blieben die Preußen? Es schien zu stimmen, daß sie die geballte Macht der verbündeten Armeen nicht anzugreifen wagten...

So hätte man eigentlich noch Zeit genug gehabt, eine zweckmäßige und gut gesicherte Lagerstellung einzurichten und mehr für die Sicherheit zu sorgen, als tatsächlich getan worden ist. Was die Verbündeten bis zum Einfall der Nacht, - um 8.15 Uhr ging die Sonne unter -, nun wirklich alles angestellt haben, um sich gegen einen etwaigen Überfall der Preußen ausreichend zu schützen, ist bis heute nicht geklärt. Das Generalstabswerk berichtet hierüber folgendes:
»Man hatte beabsichtigt, noch am 3. Juni eine Meile über den Rand des Gebirges hinaus bis an den Höhenzug vorzugehen, welcher, dem Gebirge gleichlaufend, sich von Striegau über Pilgramshain-Häslicht nach Girlachsdorf hinzieht. Dort hätte das Heer ein vorteilhaftes Lager gefunden. Die Sicherheit, in welche man durch die Kundschafternachrichten von dem Rückzug des Königs eingewiegt worden war, sowie der verspätete Aufbruch des linken Flügels veranlaßten, daß die verbündeten Führer von diesem Vorsatz Abstand nahmen. Man glaubte die Besetzung der Höhen bis zum anderen Tag verschieben zu können, um so mehr, da die hereinbrechende Nacht verhinderte, im Gelände Umschau zu halten. Die Truppen erreichten erst bei sinkender Sonne, die Sachsen auf dem linken Flügel erst bei Nacht ihre Lagerplätze, welche durch vorausgesandte Ge-

neralstabsoffiziere in Eile abgesteckt waren. Sämtliche Truppenfahrzeuge und auch die Zelte waren bei Baumgarten zurückgelassen worden. Die Truppen lagerten unter freiem Himmel und unter dem Gewehr, jedoch in einer Art, welche die Gefechtsbereitschaft und die Einheitlichkeit des Befehls erschwerte.«
Ein Bürger von Pilgramshain hat seine Erlebnisse aus jener Zeit niedergeschrieben:
»...und unter beständigem hin und wieder schwärmen der Ulanen, mancherlei Beängstigung und verschiedenen Abforderungen an Fourage und Victualien verstrichen der 2. und 3. Juni, an welchem Tage gegen Abend die gesamte Oesterreichische und Sächsische vereinigte Macht aus denen Gebirgen wie eine Wasserfluth hervorbrach und die ganze Gegend von Friedeberg, Hausdorf, Thomaswaldau, Günthersdorf und unsere Felder nebst dem Dorfe gleichsam überschwemmten. Ihr Anzug geschahe in dreien Colonnen, und nachdem sie hier soweit vorgerückt, als von ihren Häuptern für gut befunden worden, formirte sie in Linien die schönste Schlacht-Ordnung von der Welt unter beständigem Trompeten- und Pauken-Schall und allem klingendem Spiel. In dieser Stellung blieb die gesamte Armee bis nach Untergang der Sonne...«

Nach der österreichischen Relation habe man sich bemüht, die in Schlachtordnung (Ordre de bataille) aufgestellte Armee »ungefähr eine halbe Stunde vorwärts zu führen«, so daß sich der linke Flügel an Eisdorf, der rechte an Hohenfriedeberg angelehnt habe. Danach wurde den Sachsen aufgegeben, den Spitzberg links von Striegau mit vier Grenadierbataillonen und Ulanen zu besetzen. So glaubte man sich genügend gesichert, zumal General Nadasdy beteuerte, »er selbst habe recognosziert und den Feind in voriger Stellung befunden«. Tatsächlich aber sollte sich für die Verbündeten die ungünstige Lage ergeben, daß die Soldaten, die am meisten durch unwegsames Gelände marschiert und am spätesten zur Ruhe gekommen waren, die Sachsen nämlich, am folgenden Morgen als erste angegriffen wurden...

Wenn sich Prinz Karl von Lothringen, der Herzog von Weißenfels und die verbündete Generalität sicher fühlten, von den Preußen nicht attackiert zu werden, dann mußten sie auch Pläne für die kommenden Tage haben. Wie sahen diese aus? Hauptziel war natürlich die Wiedereroberung der verlorenen Provinz Schlesien, und dies mit so wenig eigenem Blutvergießen wie möglich. Aktuell war, daß die Sachsen am Morgen des 4. Juni die preußische Vorhut unter du Moulin angreifen und von den beherrschenden Höhen bei Striegau werfen sollte. Gleichzeitig sollte Nadasdy mit seinen leichten Truppen bei Freiburg stehen bleiben und die Bedrohung von Schweidnitz aufrechterhalten. Das Einnehmen oder Verlieren fester Orte war in jedem Feldzug damaliger Zeit von großer Bedeutung. Lief bei den vorgehenden Sachsen alles nach Plan, wollte Prinz Karl mit der österreichischen Mitte und dem rechten Flügel bei Hohenfriedeberg allmählich nachrücken und Friedrich langsam aber sicher immer weiter aus Schle-

sien drängen; man rechnete fest mit seinem Ausweichen. Tat er es nicht, würde es schon am 4., gewiß am 5. Juni zu einer entscheidenden Schlacht kommen. Diese Absichten bestätigte die offizielle österreichische Relation:
»...man wolle durch weiteres Vorrücken Friedrichs augenscheinlichen Rückzug beschleunigen, aber auch sich etwa bietende Gelegenheiten nutzen...«
So kam es, daß der linke Flügel weiter vorgehen mußte als der rechte und noch in der Nacht in Berührung mit den Preußen kam. Hieraus wurden aber keine Konsequenzen für den folgenden Tag gezogen. Im großen und ganzen erkennen wir: Der Kriegsplan der Verbündeten war nicht schlecht, sozusagen bedächtig-solide, so wie ihn Soldaten verfolgen, denen es an Draufgängertum fehlt und die sich eine Niederlage leichter leisten können als ihr Gegner.

Der Tag bei den Preußen

Friedrich berichtete in seiner »Geschichte meiner Zeit«:
»Der König besichtigte täglich seine Vorposten. Am 3. war er auf einer Höhe (die Ritterberge bei Striegau) vor du Moulins Lager. Von dort konnte er das ganze Blachfeld, die Anhöhen von Fürstenstein und sogar einen Teil des österreichischen Lagers bei Reichenau überschauen. Er hatte sich ziemlich lange auf der Anhöhe aufgehalten, als er in den Bergen eine aufsteigende Staubwolke erblickte, die in die Ebene vorrückte und sich von Kauder nach Rohnstock hinschlängelte. Dann sank der Staub und man sah deutlich das österreichische Heer, das in acht großen Kolonnen aus dem Gebirge herausgetreten war. Der rechte Flügel lehnte sich an das Striegauer Wasser und zog sich von dort gegen Rohnstock und Hausdorf. Am linken Flügel standen die Sachsen bis Pilgramshain hin. Sofort erhielt du Moulin Befehl, sein Lager um 8 Uhr abends abzubrechen, über das Striegauer Wasser zu gehen und sich auf einem vor der Stadt liegenden Felsen zu postieren...«
Aus dem abwartenden Beobachter wurde, begünstigt durch das Verhalten der Verbündeten, der Mann der Initiative, der seine Chance kommen sah und sie zu nutzen gedachte. Er hatte gesehen, daß beim Gegner Rauch aufstieg, offenbar abgekocht wurde und äußerte sich später ziemlich spöttisch:
»Wann die Oesterreicher in Campagne stehen, so kan man die Tage errathen, wenn sie marschiren werden, weil es ein beständiger Gebrauch bey ihnen ist, davon sie niemahls abweichen, daß der Soldat alle Marsch-Tage kochen muß. Siehet man also in ihrem Lager Vormittags um 5 oder 8 Uhr viel Rauch, so kan man staat darauf machen, daß sie denselben Tag ein Mouvement vornehmen werden.«
Friedrich befahl allen Posten, scharf zu beobachten und kehrte von seinem Aussichtspunkt nach Alt-Jauernick zurück. Und prompt, wie er es erwartet hatte, sahen seine Posten das Abbrechen der Zelte und gegen 4 Uhr die Marschsäulen

an den Ausgängen des Gebirges. Mit den Generalen Stille, Winterfeldt, Nassau und du Moulin fand er sich wieder auf dem Ritterberg ein und sah mit ihnen, wie die gegnerischen Fouriere und Generalstabsoffiziere voraus mit dem Abstecken des Lagers begannen. Auch die österreichischen Zelte westlich Hohenfriedeberg waren verschwunden, westlich Freiburg war eine feindliche Abteilung zu sehen, die man als Nadasdys Truppen identifizierte. General Nassau schlug vor, das Abstecken der Lager zu verhindern und die Vorhuten anzugreifen, aber Friedrich hatte den Plan für morgen längst im Kopf und hütete sich, Aufmerksamkeit und Kampfeswillen der Verbündeten herauszufordern.

Preußischer Munitionswagen.

Generalmajor von Stille hat »Die Feldzüge des Königs« geschrieben und berichtet aus erster Hand:

»Den Dritten früh befanden sie sich noch in der nämlichen Stellung. Der König kam, wie gewöhnlich, alles mit eigenen Augen selbst zu untersuchen, und weil er bemerkte, daß die feindlichen Soldaten schon so früh ihre Küche bestellten, so vermutete er gleich, daß sie noch selbigen Tag herabkommen würden, und befahl uns, sehr genau Achtung zu geben und ihn von der geringsten Bewegung, die man sie würde machen sehen, zu benachrichtigen, indem er willens war, sie ganz ungestört herkommen zu lassen und sie alsdann zu einem entscheidenden Treffen zu zwingen.«

Man kann sich Friedrichs Genugtuung vorstellen, als er bemerkte, wie die Verbündeten durch ihr Verhalten seinen Plänen noch Vorschub leisteten. Zwar waren sie nicht, wie von ihm erwartet, über Freiburg und Hohenfriedeberg erschienen, sondern nördlich über Hohenfriedeberg und Kauder, und auch das Stehenbleiben von Nadasdys Korps konnte er nicht erahnen, aber das machte nichts: Sie wollten ihn, erstens, wohl von Liegnitz abschneiden, dachten zweitens an keine Hauptschlacht und drittens, - und sehr wichtig -, würde es vielleicht möglich sein, Nadasdys leichte Truppen morgen aus der Schlacht herauszuhalten.

Dreipfündige Feldkanone der beiden ersten Schlesischen Kriege.

Es galt, den anrückenden Feind im Auge zu behalten, solange das Tageslicht dies erlaubte. Denn nur wenn seine nächtliche Position bekannt war, - so er nachts still hielt -, konnte Friedrich hoffen, daß seine liebste Schlachtordnung, die schiefe, in einer konsequenten und kompromißlosen Aufrollung des linken feindlichen Flügels Erfolg haben würde. Aus Jauernick ergingen seine Befehle: Die Bagage ist unter Eskorte sofort nach Schweidnitz zu verbringen; die Feldkriegskasse, - man kann nie wissen! -, muß nach Breslau, wo sie am sichersten ist; General du Moulin hat noch Brücken über das Striegauer Wasser zu schlagen und die früher ausgebesserten Wege noch einmal zu untersuchen.

Bereits vor 8 Uhr, den Befehlen voraus und bei Tageslicht, brach du Moulins Vorhut auf, um die Höhenzüge jenseits der Striegauer Gräben zu besetzen - die ersten Scharmützel konnten beginnen...

»Ordre de bataille« für den 4. Juni 1745: links die preußische Armee, rechts die der Verbündeten.

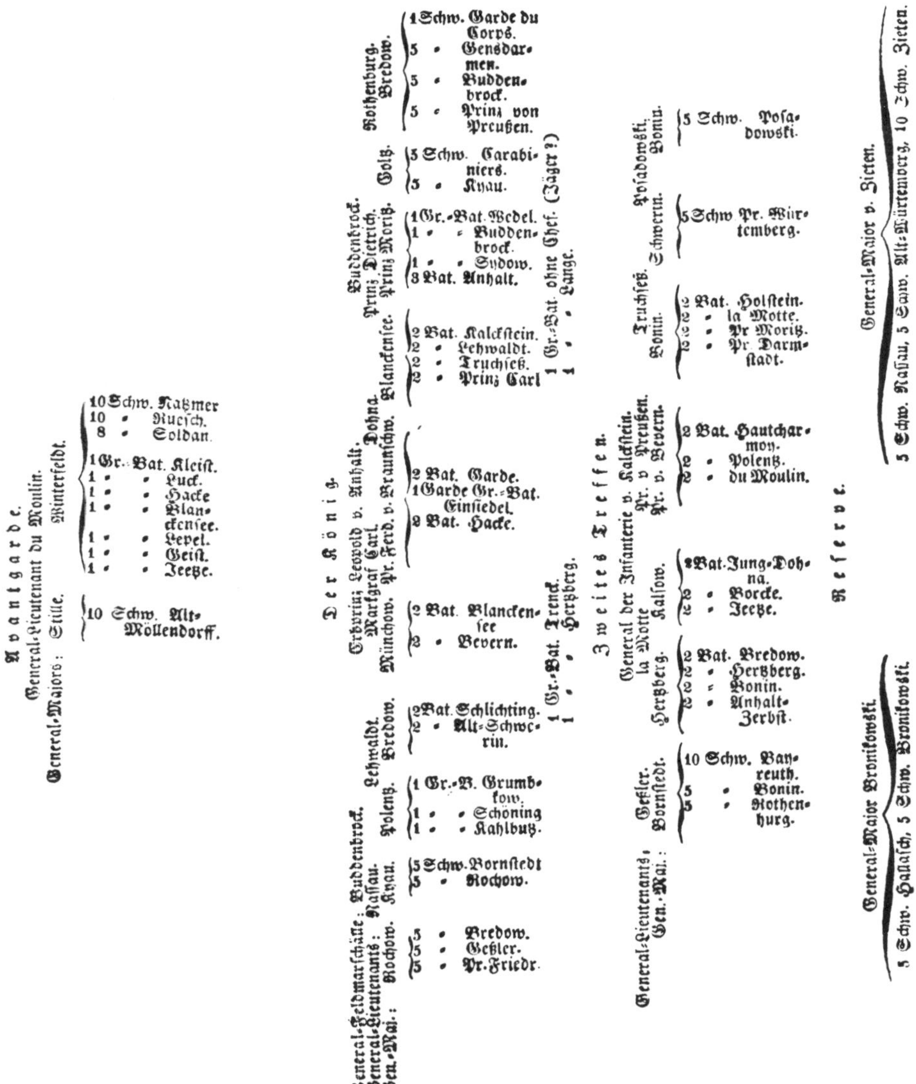

Oberbefehlshaber: Herzog zu Sachsen Weißenfels. — Prinz Carl v. Lothringen.

Erstes Treffen.

Feldzeugmeisters u. Gen. d. Kav.: Chev. de Sare. — Thüngen. — Berlichingen.
Feldmarschall-Lieuts.: v. Birkholz. Bernes. Graf Renard. Grünne. Wolffenbüttel. Königsegg. Daun. Karl St. Ignon. Ballayra.
Gen.-Maj.: Sondershausen. Bechini. Harthausen. Meligni. Harsch. Stahremberg. Bentheim.

- **v. Birkholz – Sondershausen:**
  - 3 Sch. 1 C. Königl. Prinz-Cür.
  - 3 " 1 " Maffei.
  - 2 " 1 " Bestenpostel.
  - 1 " 1 " Karabiniers.
  - 2 " " Schlichting-Drag.
- **Bernes – Bechini:**
  - 6 Sch. 1 C. Birkenfeld-Cür.
  - 6 " 1 " Czernin-Cür.
- **Graf Renard – Harthausen:**
  - 1 B., 2 C. Garde-Regt.
  - 2 " 2 " Prinz Xavier.
  - 2 " 2 " Brühl.
  - 1 " 1 " Kosel.
  - 1 " 1 " Weißenfels.
  - 1 " 1 " Königinn.
  - 2 " 2 " 1. Garde.
- **Grünne, Wolffenbüttel – Meligni:**
  - 3 Bat., 2 Gr.-C. Baaden.
  - 3 Bat., 2 Gr.-C. Vettes.
  - 2 Bat., 2 Gr.-C. Botta.
- **Königsegg – Harsch:**
  - 3 Bat., 2 Gr.-C. Thüngen.
  - 3 Bat., 2 Gr.-C. Grünne.
  - 2 Bat., 2 Gr.-C. Marschall.
- **Daun – Stahremberg:**
  - 3 Bat., 2 Gr.-C. Franz-Lothringen.
  - 3 Bat. 2 Gr.-C. Alt-Königsegg.
  - 2 Bat., 2 Gr.-C. Max-Hessen.
- **Karl St. Ignon, Ballayra – Bentheim:**
  - 6 Schw. Althan-Dragoner. u. 1 Gr. C. zu Pf.
  - 6 Sch. Joh. Palfy u. 1 Gr.-C. zu Pf.
  - 6 Sch. Diemar-Cür. u. 1 Gr.-C.
  - 6 Sch. Bernes-Cür. u. 1 C. zu Pf.

Zweites Treffen.

Feldzeugmeisters u. Gen. d. Kav.: Chev. de Sare. — Baron Thüngen. — Berlichingen.
Feldmarschall-Lieuts.: v. Polentz. Bernes. Jasmund. Grünne. Königsegg. Daun. Sachsen-Gotha.
Gen.-Maj.: Schlichting. Moringer. Frankenberg. Puebla. Hohenau. Stahremberg. Konitz. Forgatsch.

- **v. Polentz – Schlichting:**
  - 2 Sch., 1 C. O'Byrn Cür.
  - 2 " 1 " Gersdorff
  - 2 " 1 " Haudring Cür.
  - 1 " 1 " Sondershausen-Drag.
  - 3 Sch. Ulanen.
- **Bernes – Moringer:**
  - 6 Sch., 1 C. Luchesi-Drag.
  - 6 " 1 " Carl Palfy-Cür.
- **Jasmund – Frankenberg:**
  - 1 B., 1 C. Nic Pirch Inf.
  - 1 " 1 " Niesemäuschel.
  - 2 " 2 " Gotha.
  - 2 " 2 " Schönberg.
  - 1 " 1 " Pirch.
  - 1 " 1 " Almpeck.
- **Grünne – Puebla:**
  - 3 B., 2 C. Giulay.
  - 2 " 2 " Browne.
- **Königsegg – Hohenau:**
  - 3 B, 2 C. Kollowrat.
  - 1 " Giulay.
- **Daun – Stahremberg:**
  - 2 B., 2 C. Neipperg.
  - 5 " 2 " Leopold Daun.
- **Sachsen-Gotha – Konitz:**
  - 3 B., 2 C. Karl-Lothr.
  - 2 " 2 " Harrach
- **Sachsen-Gotha – Forgatsch:**
  - 6 Sch. 1 C. Lichtenstein-Drag.
  - 6 " 1 " Hohenembs-Cür.
  - 6 " 1 " Karl St. Ignon.
  - 6 " 1 " Franz St. Ignon.

Reserve.

Feldmarschall-Lieuts.: Nadasdy. — Franz St. Ignon.
Gen.-Maj.: Esterhazy. Marocz. Kuffstein. Spada.

- **Nadasdy – Esterhazy:**
  - 6 Sch, 1 C. Philibert-Drag.
  - 5 Sch. sächsische Ulanen.
- **Nadasdy – Marocz:**
  - 6 Sch., 1 C. Prenking-Drag.
  - 6 Sch., 1 C. Würtemberg-Drag.
- **Franz St. Ignon – Kuffstein:**
  - 10 Schw. Nadasdy-Hus.
- **Franz St. Ignon – Spada:**
  - 10 Schw. Giulay-Hus.
  - 10 " Esterhazy-Hus.

DIE NACHT VOR DER SCHLACHT

Eine Juninacht ist kurz, und wenn sie entscheidend sein soll, muß sie genutzt werden. Für die Verbündeten gab es keinen Anlaß, so zu denken, fühlte man sich doch stark und unbedroht. Sie waren »zu attackieren willens, glaubten aber nicht, attackiert zu werden.« Zudem ahnten sie nicht, daß sie sich bereits auf dem Schlachtfeld befanden, sollte der Vormarsch nach Schlesien hinein doch am nächsten Tag fortgesetzt werden. Wozu also mehr Vorsichtsmaßregeln, als man sie bei jedem abgesteckten Lager in Feindesland und bei Feindnähe sowieso anwandte? Zwar scheint es Diskussionen über dieses Thema gegeben zu haben: Noch ein wenig weiter vorrücken bis zu den vorderen Ortschaften Günthersdorf, Halbendorf und Thomaswaldau oder wieder zurück zu den Gebirgspässen, über die man in die Ebene eingetreten war - die Sachsen seien dafür gewesen, aber dann überstimmt worden -, und es geschah tatsächlich nichts. Wie wenig man befürchtete beweist der Umstand, daß es im Lager der Verbündeten laut und »ganz normal« herging, die meisten Soldaten jedoch unter Waffen zu bleiben hatten. Das GStW meint:
»Die Truppen lagerten unter freiem Himmel und unter dem Gewehr, jedoch in einer Art, welche die Gefechtsbereitschaft und die Einheitlichkeit des Befehls erschwerte.«

Die langgezogene österreichisch-sächsische »Front« maß etwa sieben Kilometer, und als es dunkel geworden war, waren maßgebliche Städte, Dörfer und Punkte von Infanterie und Artillerie besetzt: Hohenfriedeberg, Neu-Ullersdorf, Hausdorf, Pilgramshain, das Striegauer Wasser und einige Höhen. Der linke Flügel, besetzt mit Kavallerie, Grenadierkompanien und Ulanen, war bis nach Striegau vorgeschoben worden. So ergab sich eine überlange Aufstellung, die einem »normalen« Gegner gegenüber völlig ausreichend gewesen wäre.

Preußische Steinschloßpistole Modell 1742.

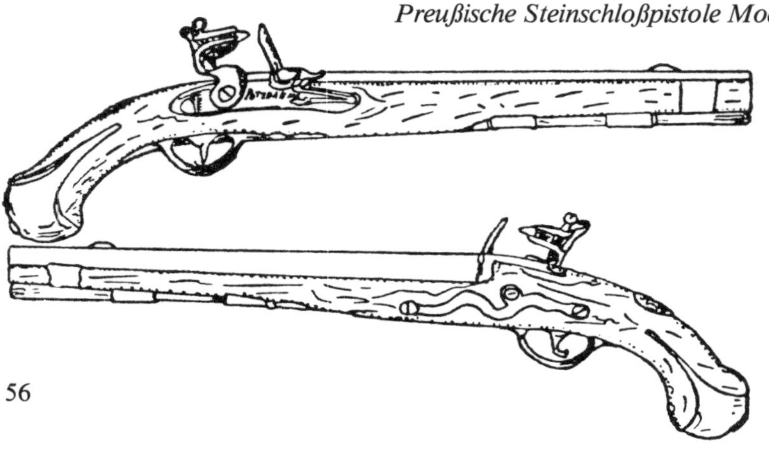

»Drüben beim Gegner sehen wir die weite Ebene zwischen Hohenfriedeberg, Hausdorf, Rohnstock und Pilgramshain bedeckt mit Tausenden von brennenden, weithin leuchtenden Wachtfeuern.«
Die im Lager herrschende Sorglosigkeit und Siegesstimmung sollten in wenigen Stunden zu Ende sein...

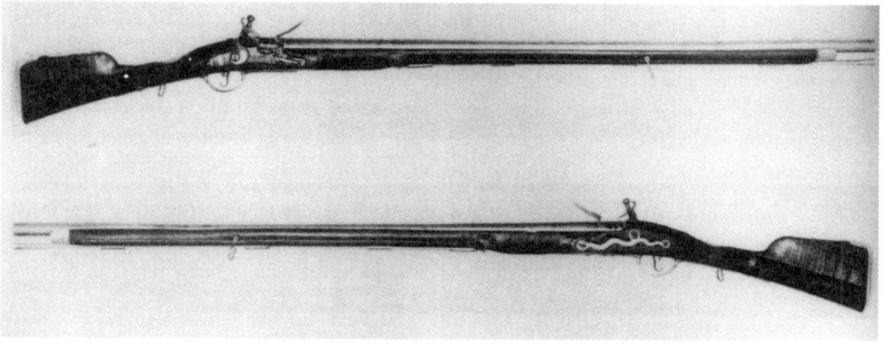

Preußisches Infanteriegewehr um 1740.

Diese Wachtfeuerlinie! Sie hatte es in sich, denn sie täuschte Friedrich über Stärke und Nähe des Gegners: Weil die Sachsen keine Feuer entzündet hatten und lieber im Dunkel lagerten! Sie trauten der Lage weniger als die Österreicher, obwohl auch ihnen der nun beginnende Anmarsch der preußischen Armee verborgen blieb. Sie bildeten den linken Flügel der Aufstellung und würden als erste ins Handgemenge geraten. Zwei Hauptfehler der Verbündeten müssen hier, in diesem Zusammenhang, abgesprochen werden: Erstens, wie schon erwähnt, ihre allgemeine Sorglosigkeit, die auf zu große Siegesgewißheit und auf von Friedrich raffiniert ausgestreute Falschmeldungen zurückzuführen sein mag; zweitens ihre mangelhafte »Voraus-Aufklärung«, die ihre Ursache bei »Erstens« haben mochte. Dabei haben gerade österreichische Armeen traditionell diesen Faktor der Kriegsführung gepflegt: durch ihre zahlreichen, hierfür wie geschaffenen »Leichten Truppen« der Ungarn und Kroaten, meist als Husaren eingesetzt. Ein anerkannt guter Anführer stand ihnen zur Verfügung, nämlich Nadasdy, von dem Friedrich und seine Preußen auch in Zukunft noch hören werden. In den Tagen vor der Schlacht scheinen Nadasdys Leute aber im großen und ganzen versagt zu haben, auch sind wohl ihre Meldungen vom Oberkommando nicht ernst genommen und falsch interpretiert worden. Hatte man wirklich nichts bemerkt? Ludwig Ernst von Braunschweig schrieb später in einem Brief:

»...man sah in der Nacht, ehe es völlig dunkel war, drei Feuer aufgehen und sehr viel Staub, so daß man wohl Ursache hatte zu urteilen, der Feind machte ein mouvement, allein man war ganz versichert, er ginge nach Breslau mit größter Präcipitenz.«
Das war es ja, was Friedrich glauben machen wollte...

Lassen wir die Nacht zum 4. Juni um 8 Uhr beginnen; (20 Uhr sagte man noch nicht). Hell war's noch genug, und feindliche Truppenbewegungen waren ohne weiteres zu erkennen. Es sei noch einmal an die trockene Jahreszeit erinnert und daran, daß alle Straßen und Wege unbefestigt waren und die marschierenden Soldaten, trabende und ziehende Pferde und ihre Wagen eine Unmenge von Staub aufwirbelten. Zudem gingen meist die Infanteriekolonnen neben den Wegen, die der bespannten Artillerie vorbehalten blieben. Die Preußen ließen ihre Wachtfeuer brennen und marschierten los in ihre Ausgangsstellungen für den folgenden Morgen.

»In aller Stille«. So heißt es immer wieder, aber »so still wie möglich« wäre gewiß zutreffender: Rauchen, Sprechen, Singen und lautes Beten waren untersagt, doch die Waffen klirrten, das Lederzeug knarrte, die Pferde husteten und keuchten, die Geschütze rumpelten, und die Achsen quietschten. Wie üblich marschierte die Armee in zwei Kolonnen und treffenweise, um sich im Ernstfall sofort zur Schlachtordnung formieren zu können. Links und rechts der Heerstraße die Infanterie, in der Mitte die Artillerie, die Kavallerie des rechten Flügels vorerst voraus, ehe sie links zum Fuchsberg abzuschwenken hatte. Disziplin und Moral der Soldaten waren vorbildlich, alle schienen zu wissen, worum es ging und brannten darauf, es vor allem den Sachsen zu zeigen. Der französische Gesandte Valory, »hinterer« Teilnehmer des Anmarsches, schildert dies besonders und scheint keine Deserteure bemerkt zu haben.
Den Nachtmarsch einer kompletten Armee durch freies, meist unkultiviertes Gelände vermag man sich heute kaum noch vorzustellen. Zunächst war noch Sicht, aber dann brach die Nacht vollends herein, und die meisten Kolonnen mußten querfeldein gehen. Das sah so aus: Man kam in sumpfiges Gelände, so etwa vor Stanowitz ans Freiburger Wasser, wo die schmale Brücke von der Artillerie voll beansprucht wurde, während die Soldaten nebenher durchs Wasser mußten, knietief und mehr. Hauptsache, das Pulver blieb trocken. Keiner murrte, alle Befehle wurden befolgt, die Marschordnung blieb erhalten.

Als es richtig dunkel war, war das Hauptheer von Jauernick und Stanowitz in vollem Anmarsch, während die Vorhut bereits lagerte und den Morgen erwartete. Gegen Mitternacht erreichten die Kolonnen den Ort Gräben, um 2 Uhr am 4. Juni hatte die Armee dann aufgeschlossen und stand gefechtsbereit, hier wohl besser »überfallbereit« genannt. Die Infanterie lehnte sich an Gräben, die Kavallerie des rechten Flügels stand am erwähnten Fuchsberg, die des linken am

Preußischer Grenadierhelm vom Infanterieregiment Nr. 12.

Nonnenbusch. Wie angedeutet: Die Gegner wußten nicht, wie nah sie sich gegenüberstanden, Friedrich wähnte, die Sachsen seien zwar in der Nähe, aber doch weit genug fort, um seine Pläne nicht stören zu können: das Striegauer Wasser unbemerkt zu überschreiten, um den feindlichen linken Flügel ausholend umfassen zu können. Seine Soldaten blieben in voller Bereitschaft für die wenigen Stunden bis Tagesanbruch...

In einem Bericht eines Augenzeugen aus Hohenfriedeberg heißt es: »...Die Nacht vom 3. bis 4. Juni war es eben, da der König mit der gesamten Armee aufbrach und in verschiedenen Colonnen über Stanowitz und Gräben vorrückte, auch die Vortruppen unter denen Befehlen der Generale du Moulin und Winterfeldt ein gleiches durch die Stadt Striegau, aber in einer solchen Stille thun ließ, daß der Feind, so auf dem Georgen-Berge stunde, nie inne wurde, wie sich

dieses Corps unter dem Berge setzte, bis der 4. Juni, der große Tag anbrach...« Aber daß niemand im Lager der Verbündeten etwas von den preußischen Bewegungen bemerkt haben soll, ist unwahrscheinlich und kaum zu glauben. So schreibt denn auch Cogniazo in seinen »Geständnissen eines österreichischen Veterans«:
»...daß es Nadasdy vorgekommen sei, als ob der König seine Macht auf Striegau zöge, ohngeachtet die Feuer im feindlichen Lager des Nachts fortsauseten...«
Auch ein sächsischer Stabsoffizier hatte etwas gemerkt:
»Ich bekam einen Posten ganz nahe am Feinde mit 4 Kompagnien von meinem Bataillon und 1 Reserve-Kompagnie, und stellte mich so vortheilhaft auf, daß ich mich gegen mehr als 12,000 Mann halten konnte. Es war eine steile Höhe, von Felsen und Steinen umgeben, wo ich zwei Kanonen mit mir nahm. Ich blieb dort die ganze Nacht ohne Feuer, ohne Wasser und ohne Brod. In der Nacht hörte ich Lärm von den Herren Preußen, die in Bewegung waren. Ich meldete es dem Obersten Schönberg. Eine halbe Stunde vor Tage vermuthete ich etwas Nachtheiliges, indem mir der Feind auf uns zuzurücken schien. Ich meldete es wieder...«
Warum man am späten Abend nicht sorgfältiger in Stellung gegangen war, versuchte die offizielle österreichische Relation später zu entschuldigen und erklärte dazu:
»Die inmittels eingefallene Nacht verhinderte noch mehr diensame Dispositions vorzukehren, die man auch bis zum anderen Tag um so eher verschieben zu können glaubte, als die noch ganz spät angelangten Kundschafter versicherten, daß der Feind in seinem vorigen Lager unbeweglich stünde, welches auch von dem Herrn Nadasdy in dem merklichen Umstande bekräftigt wurde, daß in dem feindlichen Lager die Feuer wie sonsten und von ihrer Bewegung nichts wahrgenommen werden könnte, dahero des Herrn Herzogs Carl Hochf. Durchl. in dem fast im Mittelpunkt der Armee hinter beiden Treffen gelegenen Dorfe, Hausdorf genannt, übernachteten. Es ist aber der Feind, wie nach der Hand die von Höchstgedachter Sr. Durchlaucht von ihren eigenen Leib- und Fuß-Kompagnie-Husaren ausgeschickten Patrouillen rapportirten, schon um 9 Uhr Abends, ohne die Zelter aufzuheben oder die Feuer auszulöschen gegen Striegau in aller Stille aufgebrochen, hat die Armee am Fuß schon erwähnter Königl. Polnischer und Chursächsischer Grenadiers und Ulanen besetzten Anhöhe in Ordre de Bataille dergestalt rangiret, daß dessen rechter Flügel über den Wald, so unsern linken Flügel hätte decken sollen, und der linke bis Hohenfriedeberg gegenüber hinaus reichte...«

Auch in der sächsischen Relation wird zugegeben, daß man von der Nacht überrascht worden sei:
»Es war 8 Uhr Abends, als der rechte Flügel der Armee formirt stand; der linke, welcher anderthalb Stunden länger und auf schwierigen Wegen zu marschiren

hatte, wurde von der Nacht überrascht, so daß man genöthigt war, ihn so gut aufzustellen, als es gehen wollte. Der linke Flügel der Infanterie erstreckte sich bis gegen eine Anhöhe, welche von den 4 Grenadier-Bataillonen und 2 Kanonen besetzt wurde, die Kavallerie in zwei Linien dahinter... Vor der Front, mehr nach dem linken Flügel, lag die Stadt Striegau.«

Während die beiden verbündeten Feldherren und ihre Generäle in Schlössern und anderen festen Unterkünften diese Nacht verbrachten, schlug sich Friedrich etwa zwischen 11 und 2 Uhr unter seine Soldaten, in einen Mantel gehüllt, um ein wenig zu ruhen. Bevor es losgehen sollte, hatte er alle seine Kommandeure im Generalsrang zwecks Entgegennahme der Instruktionen zu sich bestellt. Man beachte den Gegensatz zu den Verbündeten: Dort Stellung und Lagerung, die klare Befehlsführung und Weitergabe von Anweisungen behinderten, außerdem, wie schon hervorgehoben, zwei Befehlshaber - hier klare, eindeutige militärische Struktur und ein festes Konzept in einem einzigen Kopf.
»Dispositionen zur Schlacht«.
So pflegte Friedrich seine Anweisungen zu nennen. Leider sprach er »frei«, nicht vom Blatt, so daß es meist keine Aufzeichnungen gibt und wir auf Ohrenzeugen angewiesen sind. Oder auf ihn selbst! In seiner »Geschichte meiner Zeit« hat er die Disposition vom 4. Juni 1745 niedergeschrieben, 1775 endgültig, und es dürfte klar sein, daß eine Niederschrift nach dreißig Jahren mit seiner Rede von damals kaum übereinstimmen kann.

»Die Armee maschiert unverzüglich rechts in zwei Treffen ab und geht über das Striegauer Wasser. Die Kavallerie stellt sich in Schlachtordnung dem linken feindlichen Flügel gegenüber, nach Pilgramshain zu. Du Moulin deckt ihren rechten Flügel. Der rechte Infanterieflügel stellt sich neben den linken Kavallerieflügel den Rohnstocker Büschen gegenüber auf. Die Kavallerie des linken Flügels lehnt sich an das Striegauer Wasser und behält die Stadt Striegau weit im Rücken. Zehn Dragoner- und zwanzig Husarenschwadronen stellen sich als Reserve hinter die Mitte des zweiten Treffens und halten sich zur Verwendung bereit. Hinter jedem Kavallerieflügel steht ein Husarenregiment als drittes Treffen, um bei offenem Gelände den Rücken und die Flanke der Kavallerie zu decken oder zur Verfolgung vorzugehen. Die Kavallerie greift den Feind mit der blanken Waffe ungestüm an, macht während des Gefechts keine Gefangenen und richtet ihre Hiebe nach dem Gesicht. Nachdem sie die feindliche Kavallerie attackiert, geworfen und zerstreut hat, kehrt sie um und fällt der feindlichen Infanterie in die Flanke oder in den Rücken, je nach der Gelegenheit. Die Infanterie rückt im Geschwindschritt gegen den Feind an. Wenn irgend möglich, geht sie mit dem Bajonett vor. Muß gefeuert werden, dann nur auf 150 Schritt. Finden die Generäle auf den Flügeln oder vor der Front des Feindes ein Dorf unbesetzt, so nehmen sie es, umstellen es mit Infanterie und benutzen es nach Möglichkeit zur Umfassung der feindlichen Flanke. Es dürfen aber keine Truppen in

die Häuser oder Gärten gelegt werden, damit nichts die Verfolgung des geschlagenen Gegners hindert.«

In dieser Ansprache fällt zunächst einmal auf, - »Muß gefeuert werden...« -, daß Friedrich seine beste Waffe seit der Schlacht von Mollwitz 1741 nicht zu forcieren gedachte: das Infanteriefeuer!
»Wenn irgend möglich, geht sie mit dem Bajonett vor.«
Das geschah bisher aber immer doch erst, nachdem die Treffen peleton- oder bataillonsweise mehrere Salven abgefeuert hatten. Gerade diese »rollenden« Salven hatten die Schlacht von Mollwitz entschieden. So bleibt es zweifelhaft, daß Friedrich derart wenig über das Gewehrfeuer gesagt haben soll. Dann gibt es noch zwei Passagen, die zu Mißverständnissen geführt haben:
»Die Kavallerie...macht während des Gefechts keine Gefangenen...«
»...richtet ihre Hiebe nach dem Gesicht...«
Man hat Friedrich hiermit unnötige Härte nachgesagt, aber er hat mit dem zweiten Satz nur ausgesprochen, was üblich war und wollte mit dem ersten ausdrücken, daß die Kavallerie sich nicht von Nebensächlichkeiten aufhalten lassen sollte.

In den Memoiren des Schlachtteilnehmers und preußischen Generals Schmettau wird diese Versammlung so geschildert:
»Als die Generale versammelt waren, setzte sich der König, in der Absicht die Disposition zu ertheilen, zu Pferde, aber die vielen Feuer beider Armeen, der eigenen sowohl wie der feindlichen, blendeten Jedermann so, daß man unmöglich den Ort, wo man sich befand, noch weniger also das Terrain, unterscheiden konnte. Der König faßte sich deshalb ganz kurz und sagte: Meine Herren, ich werde selbst mit dem rechten Flügel den Angriff gegen die Spitzberge machen, der linke Flügel kommt gegen Thomaswaldau zu stehen. Ich bin überzeugt, daß Jeder von Ihnen seine Schuldigkeit thun wird, und nun reiten Sie nach Ihren Posten.«

Es wird 2.30 Uhr gewesen sein, als die Generale sich zu ihren Einheiten begaben, die Morgendämmerung mußte bald beginnen: die beste Zeit, »dem Feind auf den Hals zu gehen«...

DAS SCHLACHTFELD

»Als ich mich im Herbst 1838 mehrere Wochen in der Gegend von Striegau und Hohenfriedeberg aufhielt, richtete ich meine Aufmerksamkeit auf die näheren Umstände der so merkwürdigen Schlacht von Hohenfriedeberg. Es war nicht leicht, die authentischen Nachrichten über diese Schlacht zu bekommen, und es erforderte eine Art Studiums des Terrains, um sie zu verstehen und in Übereinstimmung zu bringen...«
So begann Freiherr von Lützow seinen Bericht über die Schlacht von Hohenfriedeberg. Wie lange bleibt ein Schlachtfeld für die Nachwelt erkennbar? Besteht es aus leicht zugänglichem und landwirtschaftlich genutztem Gebiet, so kann es schon im nächsten Jahr das ursprüngliche Aussehen wiedergewonnen haben, dann nämlich, wenn fleißige Land- und Forstwirte sich darangemacht haben, es neu einzusäen und zu bepflanzen.

Der größte Teil des Hohenfriedeberger Schlachtfeldes war eine von Höhenzügen umrahmte Ebene, ideal für einen Feldherrn wie Friedrich, der auf der Lauer lag und die Entscheidung suchte. Wie seine Gegner es auch anstellen mochten: Er würde sie kommen sehen, wenn sie das flache Gelände betraten. Natürlich war dieses Gelände, aus militärischer Sicht gesehen, nicht ohne Hindernisse. Es gab künstliche Teiche der schlesischen Fischwirtschaft, die mit Dämmen eingedeicht waren, und die Dämme bildeten gleichzeitig die Wege. Die Landwirtschaft war früher nicht so vielseitig wie heute, es gab noch keine Kartoffel- und Rübenfelder, dafür die extensive Dreifelderwirtschaft, die jedes Jahr ein Ackerstück brach liegen ließ. Auch fehlten die durch Drähte eingezäunten Viehweiden. Die halbreifen Getreidefelder boten sowohl Hindernisse wie Verstecke für Patrouillen und Deserteure. Tiefe Entwässerungsgräben, die heutigen durchaus gleichgesetzt werden können, durchzogen das Land, aber die vielen natürlichen Wasserläufe waren nicht reguliert oder kanalisiert wie heute und von breiten, sumpfigen Gras- und Schilfstreifen eingerahmt. Nur wenige Holzbrücken führten hinüber, einspurig und für »schwere Stücke« nicht vorgesehen. Die allgemeinen Straßen und Wege waren natürlichen Untergrunds, das heißt immer grundlos, im Sommer staubig, im Herbst und Frühjahr meist schlammig und bei winterlichem Frost am besten befahrbar. Die von Erlen und Weidenbüschen umsäumten Gewässer waren zur Zeit der Schlacht von den Soldaten zwar nicht trockenen Fußes, aber doch trockenen Halses zu durchschreiten. Die beiden Hauptflüsse heißen Wütende Neiße und Striegauer Wasser, die aus dem steil abfallenden Gebirge treten und zunächst von Westen nach Osten fließen, ehe sich die Wütende Neiße bei Rohnstock nordwestlich wendet. Die Lange Beele entspringt westlich Striegau und fließt durch einige Dörfer bei Dätzdorf der Wütenden Neiße zu. Zwischen Pilgramshain und Günthersdorf bildet sie eine Gule genannte, etwa einen Kilometer breite, sumpfige Niederung. Die überall verstreuten Teiche tragen ebenfalls Namen: Kuhteich, großer Teich, Stoppelteich, neuer und alter Teich, Kesselteich und Wegeteich; schon bald nach dem Zweiten Schlesischen Krieg soll die Teichwirtschaft aufgegeben worden sein.

Das Gebirge, die Höhenzüge, Berge, Kuppen und Hügel, sie umgrenzen in malerischer Weise das beschriebene Schlachtfeld in Form eines unregelmäßigen Vierecks: Im Südwesten mit der Linie Hohenfriedeberg-Kauder, im Nordosten von Dätzdorf bis Striegau über Häslicht, Eisdorf und Pilgramshain; die beiden anderen Linien bilden im Nordwesten die Wütende Neiße, im Südosten das Striegauer Wasser. Auf der Karte können wir erkennen, daß somit die vier Eckpunkte dieses Vierecks von Hohenfriedeberg, Kauder, Häslicht und Striegau markiert werden. Die erwähnte Gule-Niederung trennt das Schlachtfeld in einen nördlichen und südlichen Teil.

Einige Höhenzüge fallen sanft in die Ebene ab, andere sind steil ansteigende oder abfallende Basaltkuppen: Breiten-, Georgen- und Kreuzberge. Dann gibt es die Windmühlenhöhe, die Striegauer Fuchsberge, den Gräbener Fuchsberg, also Naturerscheinungen, die jeder Feldherr als Ausguck und »Observatorium« liebt; Friedrich besonders. Wer die Karte studiert, wundert sich über die dichte Besiedlung dieses Landstrichs. Nun, Schlesien war damals schon dicht besiedelt und, gemessen an Friedrichs Ländereien der Mark und östlich der Oder, eine reiche, gute Einkommen versprechende Provinz - sonst hätte er sie wohl nicht einkassiert!

Hohenfriedeberg, Rohnstock, Pilgramshain, Günthersdorf, Kauder, Häslicht, Eisdorf, Gräben, Thomaswaldau, Halbendorf, Hausdorf und die Stadt Striegau: sie werden im folgenden oft genannt. Viele von ihnen sind ziemlich großzügig angelegte Straßendörfer, die von miliärischen Kolonnen rasch durchschritten und befahren werden können - auch etwas, das den schnellen Preußen mehr zugutekommt als den umständlicher agierenden Verbündeten.

Was jedoch haben Mann und Roß und Wagen auf sich zu nehmen, wenn sie in der beschriebenen Ebene aneinandergeraten? Die Infanteristen müssen stets querfeldein marschieren, dürfen nicht einmal die wenigen Brücken benutzen, die der Artillerie vorbehalten werden - für die Preußen wird dies schlachtentscheidend. Beim Anmarsch und auch beim treffenweisen Vorgehen müssen die Infanteristen die Dämme, Steilufer und Abbruchkanten »rauf und runter«, Gebüsche durchbrechen, Waldstücke durchkämmen und Kornfelder durch- und niederschreiten, dem Gegner entgegen, ihn niederwerfend und verfolgend. Die Kavallerie, eine schnelle Truppe gegenüber der Infanterie, kann in einem sol-

(Fortsetzung Seite 73)

Friedrich II. vor Ausbruch der schlesischen Kriege.
Gemälde von Antoine Pesne.

Bayreuth-Dragoner (1732 bis 1746). Gemälde von G. Krickel.

Preußische Infanterie beim Angriff in der Schlacht von Hohenfriedeberg.

Nach der Schlacht: Die Bayreuth-Dragoner mit den erbeuteten Fahnen im Vorbeiritt vor Friedrich.

Fahne des Infanterie-Regiments 24.

V. l. n. r.

Regiment Garde Nr. 15, II. und III. Bataillon, Felix Bogislav von Schwerin. Trieb die Sachsen ohne einen Schuß aus der Gule, beteiligt beim Angriff auf Günthersdorf.

Infanterie-Regiment Nr. 19, Carl Friedrich Albrecht Markgraf von Brandenburg-Schwedt. Stand im ersten Treffen am rechten Flügel, beim Hauptangriff gegen die Österreicher dabei.

Infanterie-Regiment Nr. 24, Curt Christoph von Schwerin. Im ersten Treffen gegen die Gule dabei, dann gegen Günthersdorf.

Dragoner-Regiment Nr. 1, Carl Friedrich von Posadowsky. Kämpfte am rechten Flügel im zweiten Treffen gegen die Sachsen.

Dragoner-Regiment Nr. 5, Friedrich Erbprinz von Bayreuth. War beim großen Angriff unter Geßler dabei, als in der Schlußphase die Österreicher auseinandergetrieben wurden.

Kürassier-Regiment Nr. 1, Wilhelm Dietrich von Buddenbrock. Er erlitt große Verluste bei der Eröffnungsattacke der Schlacht.

Husaren-Regiment Nr. 6, Carl Gustav von Soldan. Schlug die sächsische Kavallerie und das abgeschnittene Grenadier-Korps.

Husaren-Regiment Nr. 5, Joseph Theodor von Ruesch. Schlug die sächsische Reiterei am rechten Flügel in die Flucht.

chen Gelände nicht vorpreschen wie sie möchte, so daß ihr richtiger Einsatz ihren Unterführern vorbehalten bleibt. Aber in einem nicht überall einseh- und übersehbaren Gelände hat sie die Chance, überraschend einzugreifen. Geht es durch »schweren« Boden, sind die Pferde allerdings rasch ermüdet. Die Artillerie! Sie hat ja nach den Anweisungen Friedrichs vorzugehen, nicht hinten zu bleiben, die zahlreichen Höhen zu besetzen und von dort den Feind zu bestreichen.

Eine Gegend, zwar nicht für eine Schlacht geschaffen, aber doch geeignet. Alle drei Feldherren, Friedrich auf der einen, Prinz Karl und der Herzog von Weißenfels auf der anderen Seite, sind guten Mutes und glauben alle Trümpfe in Händen zu haben. Später hat Friedrich hierüber geschrieben:
»Die Stellung des Königs war höchst vorteilhaft.«

»ERRARE HUMANUM EST«

In den meisten Beschreibungen dieser Schlacht klingt durch, als sei für Friedrich alles reibungslos und nach Plan verlaufen. Sein Feldherrngenie sollte daher wohl besonders herausgestrichen werden. In Wahrheit hat es Irrtümer und Unklarheiten bis zum Beginn der Kämpfe gegeben, und zwar auf beiden Seiten.

Diejenigen der Verbündeten haben wir schon mehrfach erwähnt: daß sie weder über Stärke und Stellung der Preußen ausreichend informiert waren und deshalb utopische Pläne schmiedeten. Zum Beispiel die Sachsen: Sie wollten am 4. Juni morgens selbst zum Angriff übergehen, um ein preußisches Korps von 12.000 Mann auszuheben. Johann Peter Egling, gemeiner Soldat im Infanterie-Regiment Weißenfels, hat in einer Vernehmung zu Protokoll gegeben:
»Am vergangenen Donnerstag als am 3. hujus (Juni) wäre die gantze Sächsische Armee in zwei Treffen gegen Abend aufgebrochen und hätte sich in dem Grunde eine halbe Stunde von Striegau gelagert. Die Ursache ihres Aufbruchs wäre gewesen, 12.000 Mann von den Preußen aufzuheben. Sie hätten auch dieselben daselbst würklich angetroffen, welche immer hin und her marschiret bald zur linken, bald zur rechten um Sie, die Sachsen, nur anzulocken, hierauf wäre die österreichische Cavallerie, an welche die Sächsische angeschlossen gewesen, des Freytags morgens um 3 Uhr auf die vermeynten 12.000 Mann Preußen angerückt, sey auch würklich in die Preußische Infanterie eingebrochen, wodurch von beyderseits Armeen aufeinander avanciret, da man alsdann deutlich sehen können, daß es nicht nur 12.000 Mann Preußen, wie die Spions ausgesaget, sondern die gantze Preußische große Armee, welche aus etlichen 80.000 Mann bestanden, wäre, mit der sie zu tun hätten...«

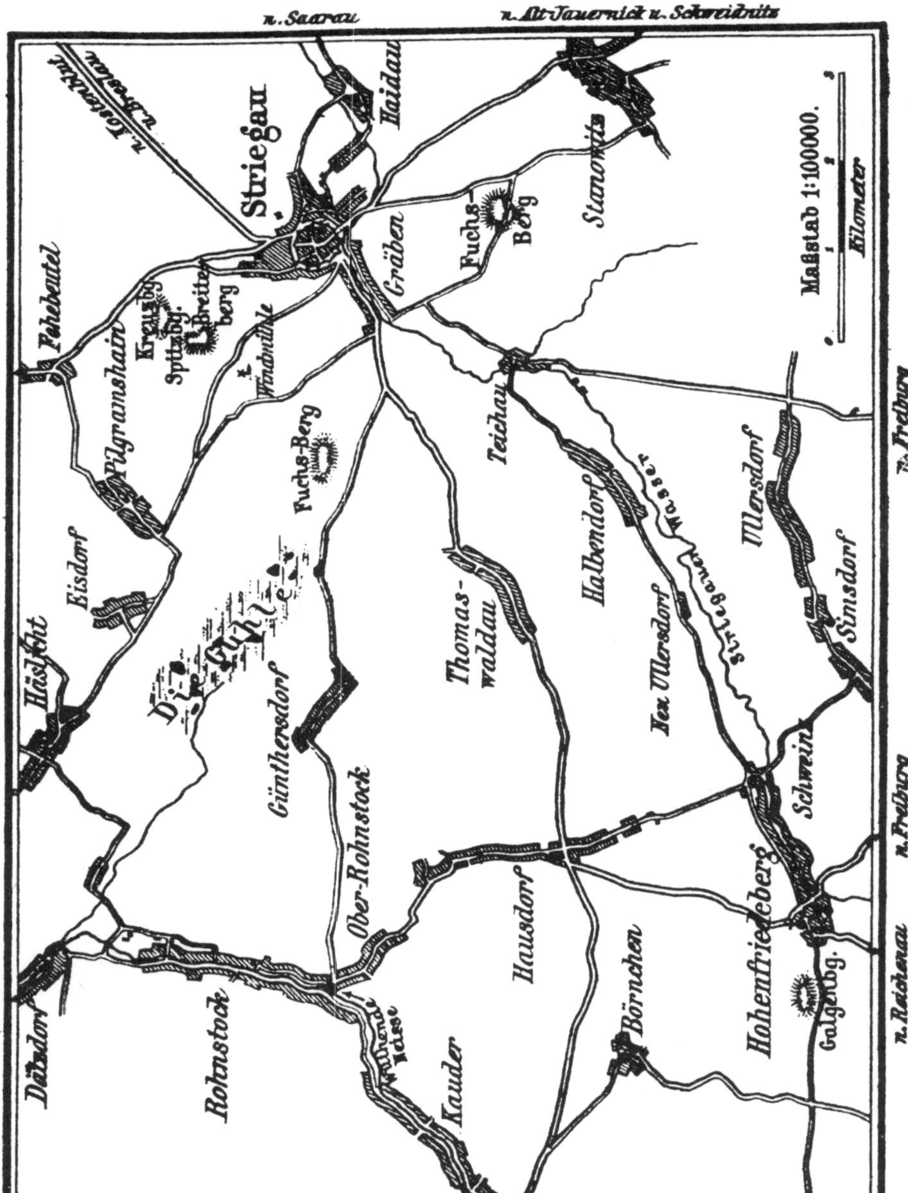

Übersichtskarte des Schlachtfeldes.

Dem größten Irrtum vor dieser Schlacht erliegt aber Friedrich selbst. Nämlich durch die lange Wachtfeuerlinie der Verbündeten, über die schon berichtet worden ist. Als Friedrich am Abend des 3. Juni gegen 11 Uhr bei Striegau noch einmal die Lage überblickte, um danach seine Anordnungen zu treffen, glaubte er, der Feind sei dort stehengeblieben, wo er ihn um 5 Uhr halten gesehen hatte, nach dem Austritt aus dem Gebirge. Eine riesige Kette von Wachtfeuern leuchtete, von links her gesehen, von Hohenfriedeberg bis Rohnstock, und ganz logisch mußte Friedrich vermuten, dies seien die Feuer der kompletten verbündeten Armee; lang genug war die Linie ja. Doch die Sachsen lagerten im Dunkeln und verbargen damit den Preußen, daß sie über Günthersdorf viel näher an Striegau gerückt waren als vermutet. Mochte Friedrich einkalkulieren, daß die Verbündeten ein wenig vorwärts gegangen seien, daß sie ihm so nahe standen, konnte er nicht wissen. Eine Gefährdung seines Feldzugplans gab es nicht. Denn die Vorbereitungen zur Umfassung des feindlichen linken Flügels waren richtig getroffen, und alles gelang auch schließlich.

Daß die Verbündeten die Masse der preußischen Armee noch am 3. Juni viel weiter entfernt vermuteten, wissen wir ebenfalls. Als ihre Armee vom Gebirge abstieg, klärten 500 Husaren voraus auf, gerieten aber in einen Hinterhalt und wurden getötet oder gefangengenommen. Auch andere Vortruppen kamen mit preußischen Streiftruppen in Berührung, immer zu ihren ungunsten, so daß sie ängstlich zurückwichen, wenn sie Preußen nur von weitem sahen. Daß unter solchem Verhalten von »Aufklärung« keine Rede sein konnte, ist wohl klar. Das Verdienst, die preußische Hauptarmee vor dem Feind wirksam abgeschirmt zu haben, kommt allein General du Moulin zu, einem der maßgeblichen Köpfe unter Friedrichs Truppenführern...

ERSTE SCHARMÜTZEL

Ein Augenzeuge aus Striegau berichtet über den Anmarsch der Preußen: »Die preußische Armee ist in der Nacht vom 3. auf den 4. Juni von Jauernick über Stanowitz herübergekommen, ein Teil über die Stanowitzer Anhöhe, und ist durch Gräben marschiert, wo sie sich über die Gräbener Felder an den Fuchsbergen herumzog. Die Artillerie jedoch ist direkt durch die Stadt gegangen und zwar zum Schweidnitzer Tor herein und das Jauertor hinaus und hat sich am Breiten Berg hinum gegen Pilgramshain und die Fuchsberge gezogen. Um den Durchzug geräuschlos zu bewerkstelligen, sind die Räder der Geschütze mit Stroh umwickelt gewesen.«

Wie auch alle Berichte über den Anmarsch der Preußen lauten mögen: In der klaren Nacht muß die Armee gehört worden sein, und tatsächlich gingen Vorpostenmeldungen der Verbündeten nach hinten - aber Meldungen sind nur dann etwas wert, wenn auf sie richtig reagiert wird. Und es bleibt dabei: Mochten die Verbündeten kleinere Überfälle und Störaktionen der Preußen befürchtet und einkalkuliert haben, an einen Anmarsch zu einer »richtigen« und entscheidenden Schlacht dachte niemand bei ihnen.

Die meiste Vorsicht ließen die Sachsen walten. Just bevor die Preußen kamen, besetzten sie eine der Anhöhen. General Stille berichtete darüber:
»Wir machten uns eben gefaßt, diese Anstalten (die Besetzung) auszuführen... als wir tausend Ulanen mit einer Bedeckung von sechs Bataillons Sachsen auf eben den Anhöhen erscheinen sahen, die wir besetzen sollten. Sie hatten bereits unsere kleinen Vorposten vertrieben und stellten sich daselbst auf eine Art, daß wir glauben mußten, sie wären willens, sich hier zu behaupten.«
Das waren sie nicht, und sie wurden sogleich vertrieben. Kein Verantwortlicher der Verbündeten schloß hieraus auf eine drohende Gefahr, wohl deshalb, weil man Friedrichs Armee hierfür zu weit entfernt glaubte. Nach Friedrichs Anweisungen sollte sich General Nassau mit seinen Truppen allmählich an du Moulin heranziehen, der mit der Vorhut seit 8 Uhr abends unterwegs war. Der Hauptteil der Armee zog in völliger Dunkelheit in zwei Kolonnen treffenweise gegen Striegau über das Striegauer Wasser und hatte es so einzurichten, daß um 2 Uhr sein Aufmarsch in zwei Linien abgeschlossen war.
Nachdem General du Moulin mit seinen sieben Grenadierbataillonen die Sachsen von drei ersteigbaren Höhen verdrängt hatte, sah er von der Besetzung der vierten, aus Richtung Striegau kaum ersteigbaren Höhe ab, auf der die Sachsen also postiert blieben. Daraus ergab sich die kuriose Situation, daß beide Seiten über Nacht unterm Gewehr blieben und den Morgen abwarten mußten. General du Moulin, ein Vorwärtsdränger, mußte sich im Zaum halten, da er sonst die Absichten Friedrichs verraten hätte. Überhaupt waren von den Preußen nächtliche Schießereien und Scharmützel nicht vorgesehen, da man ja die Ausgangsstellungen unbemerkt erreichen wollte. Aber die Sachsen schienen überall zu sein.
Auch General Stille mit seinen Dragonern gerät noch in der Nacht an sächsische Kavallerie, die er von einem Höhenzug vertreibt. An anderer Stelle ergriffen die Sachsen die Initiative, indem sie sich mit vier Grenadierbataillonen von Pilgramshain her auf einen Höhenzug schoben, um von hier aus das von ihnen bei Striegau vermutete kleine preußische Korps am Morgen zu überfallen. Für die Soldaten der Verbündeten, die vorne Posten standen, war es eine recht unangenehme Nacht: Auf den Höhenzügen und Hügeln war es zugig und kalt, sie hatten nicht abkochen dürfen und nicht allen war Brot und Trinken gebracht worden; während die preußischen Soldaten relativ ruhige Tage verlebt hatten und mit allem versorgt worden waren.

Natürlich hatte sich Friedrich in seiner umsichtigen Art auch um seinen linken Flügel gekümmert, der dem rechten der Verbündeten, aus Österreichern bestehend, bei Hohenfriedeberg gegenüber stand. Hier waren die Bayreuth-Dragoner und Zieten-Husaren am sogenannten Nonnenbusch aufgestellt, so daß Nadasdys Kundschafter nicht durchkommen konnten und die linke Flanke gegen Überraschungen durch die Österreicher geschützt blieb.

Wie dunkel ist eine sternenklare Nacht im Juni? Diese Frage mag kaum zu beantworten sein, aber wir müssen uns vorstellen, daß damalige Menschen gewiß »nachtsichtiger« waren als wir heute. Auch gab es »die Stille der freien Landschaft«, die uns abhanden gekommen ist, in der nur das Rauschen des Windes in den Kornfeldern, Bäumen und Wäldern, gelegentliche Laute, die vom Vieh kamen, das auf den Weiden stand, Eulenrufe und das Plätschern von Bächen zu hören waren. Ganz allmählich war festzustellen, daß im Osten der Himmel heller wurde, ein rosa Schimmer, schon hoben sich die Ketten der Gebirge vom Himmel ab - heutige Wachsoldaten würden ihre starken Nachtgläser an die Augen nehmen und bereits einiges auf der Gegenseite wahrnehmen können...

Es war die Morgenstunde, in der die preußische Armee vollständig aufmarschiert, ihr Feldherr unter ihr war und alles auf den Angriffsbefehl wartete -während die gegnerische Generalität in den Schlössern und Dörfern des Umlandes den Schlaf der Ahnungslosen und Saturierten schlief! Welch' Kontrast. Das GStW kommentiert kurz und knapp:
»Es war eine frische, sternklare Nacht, während welcher hier 60.000 Preußen dem Kampfe entgegenharrten, der über Sein oder Nichtsein des Hauses Brandenburg entscheiden sollte.«
Noch einmal ebenso kurz und knapp Friedrichs Schlachtplan: Die Armee hat treffenweise rechts abzumarschieren und das Striegauer Wasser zu überschreiten, die Kavallerie sich auf Pilgramshain zu entwickeln und die Vorhut du Moulins gegen dieses Dorf vorzugehen. Der rechte Infanterieflügel vollzieht seinen Aufmarsch dem Sumpfgebiet der Gule gegenüber und, wie schon erwähnt, die Kavallerie des linken Flügels hat den Aufmarsch des linken Infanterieflügels zu decken. Der Angriff erfolgt echelon- und brigadeweise. Noch einmal zur Erinnerung: Vorerst hatte die preußische Armee nur auf dem rechten Flügel vorzugehen, bei den Sachsen also...
Die Preußen griffen an! Als dies geschah, ertönten von dem vorgeschobenen Posten der Sachsen die ersten Kanonenschüsse; du Moulin war angetreten. Der schon erwähnte sächsische Stabsoffizier berichtet hierüber bitter:
»...Als es etwas heller wurde, sah ich die ganze feindliche Armee in vier Kolonnen gegen uns vorrücken. Ich feuerte fortwährend, damit unsere Armee ausrücken sollte; aber wie es die Österreicher machen, sie glauben an nichts, und haben durch ihre Langsamkeit die Schlacht verloren. Ich erhielt Befehl, zurückzugehen...«

General Stille, einer der besten Gewährsleute, die dabei waren, schrieb:
»Kaum fing der Tag an zu grauen, als wir von der obgedachten Anhöhe zu verschiedenen Malen mit den Canonen begrüßt wurden, jedoch ohne Wirkung; und da wir uns auf allen Seiten in Marsch setzten, ohne uns mit dieser Batterie abzugeben, die Feinde aber befürchten mußten, daß sie abgeschnitten werden möchten, so verließen sie in der größten Eilfertigkeit die Anhöhe und zogen sich durch ein Tannengehölz zurück, welches uns verhinderte, sie weiter zu beobachten.«
Im weiteren Vorrücken erkannte der General, daß er nun tatsächlich den gesamten gegnerischen linken Flügel vor sich hatte. Inzwischen hatte auch du Moulin Friedrich gemeldet, die Vorposten der Sachsen geworfen zu haben und daß er zum eigentlichen Angriff übergehen würde. In der geschraubten Sprache der österreichischen Relation liest sich das so:
»Und auf solche feindlicher Seits getroffene Disposition, womit selbiger die ganze Nacht zugebracht, fing er bei angebrochener Tages-Dämmerung an die auf dem Spitzberge gelegene Chursächsische Grenadiers und Ulanen mit heftigem Stückfeuer zu begrüßen, ließ sie bald darauf von einem Theile seiner Infanterie attakiren, und nachdem sich jene, sonderlich die Grenadiers, eine gute Zeit recht standhaft und tapfer gewehret, wurden sie doch endlich von der mit Gewalt angedrungenen Übermacht zu weichen genöthigt...«
Auch die Sachsen haben sich nach der Schlacht offiziell vernehmen lassen:
»Den 4. mit anbrechendem Tage zeigte sich die Preußische Armee in voller Schlachtordnung uns gegenüber; sie war die ganze Nacht hindurch marschirt, wie wir nachher erfuhren. Das vorgeschobene Korps deckte ihre Bewegungen vollkommen, so daß der Herzog von Weißenfels, ungeachtet seiner Ulanen, nichts davon wußte. Es war noch nicht ganz helle, als die vorgeschobenen Sächsischen Posten das Geräusch der vorrückenden Preußen vernahmen, und das Feuer mit den beiden Geschützen vor dem linken Flügel eröffneten.«

Nach der Schlacht haben die Sachsen Aussagen ihrer Soldaten aufgenommen und zusammengestellt, eine davon ist es wert, hier wiedergegeben zu werden. Friedrich Benediktus Otto Pfeiffer stand mit seiner Zieglerschen Kompanie vom Ersten Regiment Garde auf dem Berg vor Striegau:
»Früh nach zwey Uhren sey ein Preuß. Hußar dießen Berg hinan geritten gekommen, habe, wer sie wären, gefraget, und nach erhaltener Antwort, daß sie Sachsen wären, die Mütze herunter genommen, anbey, daß er ein Brandenburger sey, repliciret, und den Berg wieder um hinunter gejaget, der Oesterreich. Grenadiers-Capitain aber nach ihm geschoßen, jedoch nicht getroffen...«

In den meisten Schlachtschilderungen wird auf eine Personengruppe keine Rücksicht genommen, ihre Erwähnung wird als allzu nebensächlich erachtet; wir wollen hier die Ausnahme machen. Wenn im 18. Jahrhundert die Armeen hin und her zogen, verbreiteten sie freilich nicht mehr solche Schrecken wie vor hundert Jahren ihre »Kollegen«, die Söldnerheere und Landsknechtshaufen des Dreißigjährigen Krieges. Feldherren, Heerführer und Majestäten des 18. Jahrhunderts, die ins Feld zogen, bemühten sich, Drangsalierungen und Plünderungen der Zivilbevölkerung auf ein Minimum zu beschränken und sich - vor allem - entweder über vorher angelegte Magazine selbst zu ernähren oder die Verpflegung der einheimischen Bevölkerung abzukaufen. Ob, wie in unserem Fall, Friedrich, Prinz Karl oder der Herzog von Weißenfels - keiner wollte es sich leisten, als Anführer von Marodeuren, Schändern, Plünderern und Mordgesellen in die Geschichte einzugehen; daß es trotzdem zu Ausschreitungen kam, ist leider menschlich und alle späteren Generationen haben hier ihre schlimmen Erfahrungen gemacht.

Die Höfe, Dörfer, Städtchen und Städte! Viele blieben bei der Art der Kriegführung des 18. Jahrhunderts verschont und unberührt, andere wurden beschädigt und vollständig zerstört; sie hatten nur das Pech, für die Kombattanten interessant zu sein. Über das bedauerliche Schicksal der Bewohner erzählt ein Einwohner von Pilgramshain:
»...kaum war solches geschehen, so fanden sie sich von den Preußen angegriffen, übermannt und den Berg diesseits nebst ihren Kanonen herunter zu eilen gezwungen, worauf die Preußen sogleich stark besetzten, und mit 15 Kanonen besetzten, welche auch sogleich zu spielen anfingen. Dieses uns Einwohnern ungewohnt abscheuliche Knallen des groben Geschützes betrübte uns vollends und setzte uns in solch vielloses Schrecken, daß wir uns kaum noch entsinnen konnten, ob wir noch am Leben wären, da wir ohnedies diese Nacht hindurch durch die Beängstigungen, so uns von unseren Gästen wiederfahren ist, genugsam hierzu waren vorbereitet worden indem wir alle Augenblicke, wo nicht den Verlust unseres Lebens, doch unseres wenigen Vermögens, welches auch zum Theil geschehen, und das Frauenvolk ihre Ehre befürchten mußten... Das Donnern der Kanonen, Mörser, Haubitzen, Kartätschen und Sächsischen Geschwindstücke dauerte immer fort, da inzwischen sich die Kavallerie mit dem Degen in der Faust attakiret, rüber und nüber durchbrachen, da ein Mann dort ein Pferd zu Boden stürzte, noch viel mehr verwundete oder reiterlose hin und her schweiften, die Leute aber, die blessirt waren, sich zu retten suchten, welches einigen geglücket, andere aber noch in der Flucht erreicht und massacriret wurden, viel schwer blessirte sich aber auf der Wahlstatt unter Jammer und Winseln und Wehklagen, andere auch unter Murren und Lästern sich erbarmungswürdig herumwälzten...«

ZUM FRÜHSTÜCK EIN SIEG - DIE SCHLACHT VON HOHENFRIEDEBERG UND STRIEGAU AM 4. JUNI 1745

»Anno 1745 den 4. Juni war der große Tag der so erschrecklichen als verwunderungswürdig anzusehen, der uns bei seinem Anfang in das größte Erstaunen, Zittern, Angst und Zagen und noch vor dessen Ausgang in die lebhafteste Empfindung der wundervollen und gnädigen Hülfe und Errettung des großen Gottes versetzet.«
Diesen Bericht eines Augenzeugen, der in einem Gebüsch versteckt alles beobachtet haben soll, werden wir später fortsetzen...

Sonnenaufgang um 4.15 Uhr, ein langer Sommertag, so richtig geeignet, um sich gegenseitig auf den Hals zu gehen, brach an. Gut eine Stunde lang war es schon hell genug, sich in der Gegend zurechtzufinden. Nachdem Friedrich gegen 2 Uhr seinen Generalen die Disposition zur Schlacht erteilt hatte, begaben diese sich zu ihren Truppen und der Abmarsch begann. Ob es da 2.30 Uhr oder 3 Uhr war oder gar später, sollte heute nicht mehr wichtig sein. Friedrich setzte sich an die Spitze der Armee, die in zwei Treffen rechts nach Gräben abging, wo die frisch hergestellten Brücken über das Striegauer Wasser gute Übergangsmöglichkeiten boten. Gerade war man dabei, als General du Moulin Friedrich meldete, er stoße bereits auf den Feind. Das kam, wie wir schon wissen, für Friedrich überraschend, der glaubte, daß auch die Vorhut noch eine Weile bis zur ersten Feindberührung marschieren müsse.

Zur Überraschung kam die Ungewißheit: Wie stark ist der Feind? Um kein Risiko einzugehen, ließ du Moulin, der um seine eigene rechte Flanke fürchtete, sofort rechts weiter ausholen, um den Feind, wenn er ihn nicht überflügeln konnte, aus seinen Stellungen zu vertreiben. Der Vormarsch der Vorhut ging ungebrochen weiter. Es muß noch vor 4 Uhr gewesen sein, als die Sachsen erkannten, daß eine größere Sache im Gang war und sie das Feuer eröffneten. Ihr Kanonenfeuer sollte nicht nur die Preußen behindern, sondern auch die eigene Armee alarmieren. Hinter der Vorhut war bereits, so behauptet jedenfalls der vorderste sächsische Offizier Pahlen, das Hauptheer der Preußen sichtbar, und er forderte Verstärkung in Form von Geschützen und Grenadierkompanien von seinem Obersten Schönberg:
»Ich schickte noch einen Offizier, aber ein General, ich weiß nicht welcher, ließ dem Obersten sagen, daß ich mich zurücknehmen sollte.«

Wie wir auch schon wissen, planten die Sachsen für den Morgen einen Angriff auf Striegau, um die dort vermuteten Preußen hinauszuwerfen, und als sie hinten die ersten Kanonenschüsse hörten, dachten sie, es sei vor der Zeit soweit und vorn stünde man im Gefecht mit der preußischen Vorhut. Der Herzog von Weißenfels, der gerade das Lager inspizierte, rief erschrocken aus:
»Um Gottes willen, meine Herren, das ist um eine Stunde zu zeitlich angefangen, die ganze Wirtschaft ist nunmehro verloren!«
Noch immer nicht davon überzeugt, die Preußen griffen mit aller Macht an, veranlaßte er wenigstens das Vorgehen der Kavallerie und die Bildung eines zweiten Infanterietreffens. Ungeachtet des sächsischen Artilleriefeuers ging du Moulins Vorhut planmäßig vor und Oberstleutnant Pahlen ging ebenso befehlsmäßig zurück. Er verließ den Breitenberg, schloß sich den hinter ihm stehenden Grenadierbataillonen an, um mit ihnen weiter bis nach Pilgramshain zurückzugehen. Wie kraß die Gegensätze auf beiden Seiten waren, zeigen die nächsten Vorgänge: Als die Sachsen sich zurückzogen, wurden sie für die Preußen eine Zeitlang unsichtbar, da ein Tannengehölz zwischen zwei Hügeln sie verdeckte. Aber ganz richtig vermuteten die Preußen, daß der ganze linke Flügel der Sachsen ihnen gegenüberstehen müsse und sie gingen entschlossen weiter vor. Was bot sich ihren Augen? Die sächsischen Truppen kamen in höchster Eile und großer Auflösung aus dem Lager gerannt, um sich in Schlachtordnung zu stellen. Während ihre Vorhuttruppen bereits nach Pilgramshain zurückfluteten! Die Sachsen ohne informierte Führung, die Preußen offenbar mit guter Übersicht und straff geführt. Sie zögerten keinen Augenblick, ihre Geschütze auf der sogenannten Höchsten Höhe zu postieren und eine Kanonade auf das sächsische Durcheinander zu eröffnen. Es galt anzugreifen, ehe der Feind sich fomieren konnte.

Im Laufe dieser Vorhutkämpfe, die die Schlacht eröffneten, zeigte sich General du Moulin als idealer Befehlshaber, der, da Friedrich ihn nicht immer erreichen konnte, selbständig im Rahmen des gültigen Schlachtplanes handelte. Wie sich später herausstellte, hat er beinahe »getrennt gefochten«. Hierbei mußte er immer weiter nach rechts ausholen, um den Feind zu überflügeln. Da er gut mit Artillerie bestückt war, gelang es ihm, feindliche Aufstellungen mit präzisem Feuer zu stören, besonders, als er es in ihre Kavallerie richten ließ.

Exkurs »Artillerie-Kreuzfeuer«
War es einer Partei gelungen, wie hier den Preußen, Hügel und Höhenzüge mit Artillerie zu besetzen, dann konnte sie gegnerische Ansammlungen wirksam unter Kreuzfeuer nehmen. Das war auch damals eine unangenehme Sache, obwohl es noch keine Sprenggranaten gab. Aber Vollkugeln, Kettenkugeln und Kartätschen rissen tiefe Lücken in die Infanterielinien und Kavallerieverbände, verhinderten ihre Aufstellung zur Schlacht und ihr geordnetes Vorgehen, damals Voraussetzung, den Gegner vom Schlachtfeld zu vertreiben. Wir müssen bedenken, daß späteres

»Deckungnehmen« nicht galt und die Soldaten dem Feuer des Gegners offen ausgeliefert waren. Man begreift auch, daß Friedrich sich bemühte, dem Beispiel der Österreicher, die schon immer gute Artilleristen waren, zu folgen und sein Sinnen und Trachten nach leichteren Geschützen ging, die von den Soldaten selbst gezogen wurden und stets dem Kampfgeschehen nachfolgten, ja sogar vorausgehen oder blitzschnell beherrschende Stellungen einnehmen konnten. Bei Hohenfriedeberg gelang dieses...

Zu dem Feuer, das du Moulin auf die sächsisch-österreichische Kavallerie richten ließ, die der Herzog von Weißenfels persönlich südlich Pilgramshain aufstellte, gesellte sich jetzt Friedrichs Kanonade aus sechs 24-Pfündern, die er auf dem Fuchsberg bei Gräben hatte auffahren lassen. Dennoch entwickelte sich zwischen 5.30 Uhr und 6.30 Uhr südöstlich von Pilgramshain ein klassischer Reiterkampf, der von Friedrich eigentlich nicht geplant war. Aber der sächsische Gegner stellte sich viel eher und tapferer als erwartet.

Exkurs »Kavallerie gegen Kavallerie«
Worauf kam es an, wenn wie hier gleichstarke Reitermassen aufeinander prallten? Es durfte kaum geschossen werden, wie auch sollten Pistolen und Karabiner zu Pferde nachzuladen sein! Mit möglichst großem »Anlauf« und größtmöglicher, in Manövern durchexerzierter Ordnung galoppierten die Schwadronen aufeinander zu, die Reiter mit geschwungenen Säbeln, und dann kam es darauf an, wer beides, Säbel und Pferd am besten beherrschte. Man suchte sich in »ritterlichen« Fechtmanövern vom Pferd zu stechen, dem Kontrahenten »eins überzubraten« und dabei zu verhindern, selbst abgestochen zu werden. Denn natürlich durften dritte und vierte eingreifen und helfen. Waffengeklirr, Schmerzensschreie, Stampfen und Wiehern der aufs Äußerste geforderten Pferde, Aufforderungen, sich zu ergeben und Absagen derselben, Beschimpfungen und Kommandos - die Luft war lärm- und stauberfüllt. Wankte eine Partei, wich sie vielleicht schon, dann war Nachsetzen das Gebot der Stunde, entweder durch neue Kräfte oder durchs Abreiten, Ausholen und Wiederangreifen. Mochten die Reiter sich auch bis zum Letzten einsetzen, ihre Pferde machten bald nicht mehr mit...

Mit 26 Kürassierschwadronen bildete Graf Rothenburg das erste preußische Treffen, das mit seinem linken Flügel die Österreicher zurückwarf, während auf dem rechten Flügel den Preußen dieses Mißgeschick durch die Sachsen widerfuhr; von echter preußischer Überlegenheit konnte keine Rede sein. Doch die Husaren du Moulins bereinigten die Lage. Dort, wo einzelne sächsische Schwadronen durchgebrochen waren, gerieten sie an die Dragoner des Generals Stille und vor allem in das Feuer der Grenadiere du Moulins und des in Aufstellung begriffenen rechten Infanterieflügels der Preußen.

Preußische Kavallerie beim Eindringen in die gegnerische Infanterie.

Exkurs »Infanterie gegen Kavallerie«
Die Idealsituation in einer Schlacht des 18. Jahrhunderts: Gut eingeübte Infanterie, die selbst nicht belästigt wird, feuert in »aller Ruhe« auf die feindliche Kavallerie! Ein Kugelhagel, deutlich sorgfältiger gezielt als beim Kampf Infanterie gegen ihresgleichen, klatscht in die Masse Reiter-Pferd und bringt sie in völliges Durcheinander. Die getroffenen Pferde stürzen meist sofort nieder, wird ihr Reiter getroffen, fällt er nicht immer zu Boden, sondern wird vom abgaloppierenden Pferd mitgeschleift. Ein ungestört feuerndes Infanteriebataillon war eine todbringende Waffe...

Der Herzog von Weißenfels mochte sich nicht geschlagen geben und führte seine Reiterei zu neuem Angriff vor. In dem Handgemenge behielten die Preußen schließlich die Oberhand, und die verbündete Reiterei löste sich auf und wich an Pilgramshain vorbei und durch den Ort auf Eisdorf zu. Hier machte der preußische General von der Goltz den sächsischen General von Schlichting zum Gefangenen. Dramatische Szenen spielten sich in Pilgramshain ab, wo durch eine Stockung der Gegner kaum flüchten konnte und von preußischen Husaren zusammengehauen wurde. Die preußische Reserve drängte ohne Zögern nach und trieb den linken Kavallerieflügel der Verbündeten vom Schlachtfeld. Hier war zum Auftakt ein glänzender Erfolg erzielt worden. Während der Kämpfe schienen die Sachsen stellenweise in große Unordnung geraten zu sein, da den Vorgehenden bereits die ersten Flüchtlinge entgegenkamen und Freund und Feind offensichtlich nicht mehr zu unterscheiden waren. Unordnung bei den Preußen war dank ihrer Disziplin rasch beseitigt.

Der Reiterkampf war noch im Gang, da vollzogen die sechs Bataillone des preußischen rechten Flügels ihren Aufmarsch, um die Sachsen aus ihren Stellungen im Gebiet der Gule zu werfen. Dort standen sie in einem hinten offenen Viereck, gut gedeckt von Dämmen, Gräben, Gehölzen und Wegen, und es war ein Wagnis, sie ohne Artillerievorbereitung anzugreifen. Auch sorgte Friedrich ohne Unterlaß dafür, daß der Anschluß an den äußersten rechten Flügel du Moulins nicht verlorenging und daß im Bemühen um Überflügelung des Gegners nicht nachgelassen wurde. Aber es war schon jetzt zu erkennen, daß eine »echte« schiefe Schlachtordnung nicht zustandekommen würde.

Denn gerade jetzt, gegen die Gule, ging's frontal los. Oberst von Schwerin hat über den Angriff berichtet:

»Das Regiment hat sich sehr brav gehalten und es war Mühe, die Leute in der Hitze zurückzuhalten, wie es denn auch nicht eher chargirt hat, als bis commandirt worden, welches sonst von den anderen Regimentern nicht geschehen. Weil das Regiment auf dem rechten Flügel stand, so hat es mit den Sachsen zu thun gehabt, welche in einem Busch, vor dem ein tiefer Wassergraben war, der einen natürlichen Wall bildete, auf dem Kanonen standen, postirt waren. Dennoch, und obschon die Leute bis an den Gürtel durch das Wasser mußten, haben die Sachsen sich gegen deren Angriff nicht halten können...«

Es muß ein grandioses Bild gewesen sein: Unter Führung von Prinz August Wilhelm, dreier Prinzen des Hauses Anhalt, des Prinzen von Bevern und des alten Truchseß rückten 21 Bataillone unter fliegenden Fahnen und dem Schlagen des Grenadiermarsches vor. Die Verteidiger standen mit 16 Bataillonen im ersten und 14 im zweiten Treffen zum Empfang bereit. Schwere preußische Batterien auf dem Fuchsberg bereiteten den Angriff vor, aber sie konnten nicht verhindern, daß die Preußen mit verheerendem Kartätschenfeuer bedacht wurden. Auf 200 Schritt begann beiderseits das Gewehrfeuer. Da hat immer der Verteidiger, hier die Sachsen, die besseren Möglichkeiten, da er ruhiger und im Liegen und Knien schießen kann. Doch dann antworteten die preußischen Flügel mit wohlgezieltem Pelotonfeuer, während sie ohne Zögern vorrückten. Gemäß den Instruktionen drang das Regiment Anhalt, vom Erbprinzen Leopold persönlich geführt, mit geschultertem Gewehr, ohne selbst zu schießen gegen die Sachsen vor. Diese standen in ungünstiger Position, da der stetige kräftige Ostwind Pulverdampf und Staub ins Gesicht blies und ihnen die Sicht nahm. Schließlich

Angriff der preußischen Infanterie bei Hohenfriedeberg.

mußten sie ihre Stellungen mitsamt ihrer Artillerie aufgeben und aufs zweite Treffen zurückgehen.

Dieses zweite Treffen hatte auf dem Damm, der den Weg von Pilgramshain nach Günthersdorf bildet, Aufstellung genommen, um den nächsten Angriff der Preußen abzuwehren. Zuerst zogen die preußischen Mannschaften ihre Geschütze vor und eröffneten das Feuer, dann traten die erneut geordneten Bataillone an, diesmal unterstützt durch einen Angriff der sechs Bataillone des Grafen Truchseß gegen die rechte Flanke des sächsischen zweiten Treffens. Wir sehen: Immer wieder versuchte Friedrich das Erfolgsrezept des Flankenangriffs, um gegnerische Aufstellungen zum Einsturz zu bringen. Für Graf Truchseß war es die letzte Schlacht, eine Kanonenkugel riß ihn vom Pferd. Die preußischen Bataillone jedoch marschierten durch die Gule vor, durch Teiche und Gräben, über den Damm hinweg und drückten die Verbündeten schließlich auf Häslicht zurück. Schon stand preußische Kavallerie bereit, sie nun auch auf der linken Flanke zu bedrohen. Es klappte eigentlich alles nach Wunsch für die Preußen, doch nach dem Gewinn des schwierigen Geländes der Gule ließ Prinz Leopold anhalten, damit seine Soldaten sich erholen konnten.
Gegen 6.30 Uhr, es war ja inzwischen taghell, zeichnete sich der Untergang der Sachsen und damit des gesamten feindlichen linken Flügels ab. Einzelne Einhei-

Friedrich führt seine Grenadiere gegen den Feind. Adolf v. Menzel.

ten hatten in der Nacht kaum geruht, sie waren übermüdet und sahen sich jetzt von den Österreichern im Stich gelassen und von allen Seiten angegangen. Natürlich war auch General du Moulin nicht untätig geblieben und war, verstärkt durch vier Bataillone des zweiten Treffens, den Sachsen mitten in ihren Rückzug nach Pilgramshain, Häslicht und Eisdorf geraten. Achtzehn sächsische Grenadierkompanien wurden auseinandergesprengt, bevor sie ein schützendes Dorf erreichen konnten, sie verloren elf Offiziere und 800 Mann. Oberst von Schönberg, ein Mann der ersten Minuten der Schlacht, wurde mit seinen Kompanien vom preußischen Dragonerregiment Nassau gestellt und zur Kapitulation aufgefordert; da er ablehnte, kam es zum Handgemenge, wobei er fiel, mit ihm 400 seiner Männer.

Der Herzog von Weißenfels hat das Unglück für seine Sachsen früh genug kommen sehen, denn seine schwere Artillerie war bereits bis ins Gebirge, das die allgemeine Fluchtrichtung bildete, zurückgenommen worden. Einige aus der Gule entkommene sächsische Bataillone nahmen auf den Höhen südlich Häslicht Aufstellung, um den Rückzug zu decken. Nur ihnen war zu danken, daß die Preußen nicht weiter auf die aufgelösten Kompanien einhauen konnten, die nichts anderes im Sinn hatten als fort von hier und sogar ihre Regimentsartillerie den Preußen als Beute ließen. Um 7 Uhr war der gesamte linke Flügel der Verbündeten geschlagen und weit genug vom Schlachtfeld abgedrängt - aber noch hatte die Masse der österreichischen Armee keine Gelegenheit bekommen, in die Schlacht einzugreifen...

Exkurs »Bilanz zur Halbzeit«

Während die braven Bewohner von Pilgramshain, der anderen Dörfer und die Landleute der Umgebung zu dieser Zeit normalerweise ihr erstes Frühstück einnahmen, mußten sie jetzt dieses erleben: »...und endlich wurde die Sächsische Kavallerie geschlagen, ohngeachtet sie sich ungemein wohl hielt und verschiedene Male wiedersetzte, sie wurde endlich bezwungen, sich durch das Dorf durch die Schmiedegasse, und da selbige sich durch todte und verwundete Pferde und Leute stopfte, über alle Mauern der Leute durch ihre Gärten und Höfe zu retiriren. Die Reiterei war noch aneinander, als das unaufhörliche gräßliche Gerassel des kleinen Gewehrs von der Infanterie anfing, dessen Dampf uns gleichsam in eine finstere Nacht oder doch dicken Nebel versetzte, daß wir die Blitze der Kanonen desto fürcherlicher wahrnehmen konnten...«

Der erste Teil der Schlacht war für Friedrich gewonnen, aber der Gesamtsieg längst noch nicht. Er konnte zufrieden sein, denn seine Soldaten und Führer hatten ihr Bestes gegeben. Wie konnte die Zerschlagung des feindlichen linken Flügels so schnell und gründlich gelingen? Wie so oft war die jeweilige Führung verantwortlich: Während die zuerst Angegriffenen viel zu spät bemerkten, was sich anbahnte und ihr Hauptanführer, der Herzog von Weißenfels nämlich, mehr oder weniger konfus führte, wenigstens nur reagierte, agierte Friedrich und hatte die Lage jederzeit im Griff. Er scheute sich nicht, seine Adjutanten hin und her zu jagen und selbst der Truppe zu folgen, möglichst auf einen der zahlreichen Aussichtspunkte. Und was beinahe wichtiger war: Nicht nur der »königliche« Führer war seinen Gegenspielern »Prinz« und »Herzog« überlegen - sondern vor allem seine Unterführer, die Generale und Kommandeure der Regimenter und Bataillone. Hinzu kam ein geradezu genialer Einsatz der Mittel...

Über das Ende dieses Teils der Schlacht schrieb Friedrich in seiner »Geschichte meiner Zeit«:

»...Als diese (die Sachsen) ihre verzweifelte Lage erkannten, warteten sie den Angriff nicht ab, sondern ergriffen schimpflich die Flucht. So wurden sie völlig geschlagen, noch ehe der linke preußische Flügel ganz aufmarschiert war. Es verging noch eine gute Viertelstunde, bevor der linke Flügel mit den Österreichern handgemein wurde...«

Ein Kampfteilnehmer auf österreichischer Seite, von Cogniazo, fragte sich später:

»Die erste dieser Gelegenheiten (der verpaßten) bestand darin: daß unser rechter Infanterie-Flügel wirklich viel zeitiger, als der linke der Preußen formirt war. Warum blieben wir dem ungeachtet so lange müssige Zuschauer bey dem Gedränge in welchem unsre Hülfsvölker (die Sachsen) sich auf dem linken befanden? warum ließen wir den rechten Flügel gegen den noch nicht formirten Feind nicht vorrücken, und zu Gunsten des linken, der beynahe schon über den Haufen geworfen worden war, ehe noch das Gefecht auf dem rechten Flügel anging, eine Bewegung machen?«

Wie sehr die Sachsen »fertig« waren, bezeugt der Bericht eines ihrer Stabsoffiziere:

»...Wir standen dreizehn Stunden im Gefecht, und ich verlor mehr als 800 Mann und elf Offiziere. Ich machte meinen Rückzug so vorteilhaft, daß 20.000 Mann, die ich in Front und Flanke hatte, mir nicht einmal eine meiner Kanonen nehmen konnten, vielmehr nahm ich die Geschütze wieder, welche mein Oberst verloren hatte, als er von mir abgedrängt wurde. Das Terrain war mir sehr günstig. In einem Dorf, wo ich meine Leute hinter Mauern postiren konnte, gönnte ich ihnen einige Ruhe, sie wären sonst vor Hitze, Müdigkeit und Durst liegen geblieben. Ich selbst hätte gern für ein Glas Wasser hundert Gulden gegeben.«

In allen Berichten wird angegeben, daß das preußische Geschützfeuer außerordentlich wirkungsvoll gewesen sei, ebenso das Gewehrfeuer der Infanterie. Aber ausgerechnet die Vorhut unter General du Moulin, die nach einem Bericht Ferdinands von Braunschweig getrennt von der Armee gefochten habe, sei zwar stets dem Feind mit Kanonenfeuer gefolgt, aber kaum dazu gekommen, mit dem Gewehr zu feuern.

Für die Preußen gab es jetzt nur eine Devise: die errungenen Erfolge in einen Sieg verwandeln. Richten wir also unsere Aufmerksamkeit nun dem linken preußischen, dem rechten österreichischen Flügel zu. Wie kam es, daß dieser seinem Verbündeten, den Sachsen, nicht zu Hilfe gekommen war?

Um 6.30 Uhr, als die Sachsen in voller Flucht über das Gebirge waren, »woher sie gekommen«, begann der Aufmarsch des preußischen linken Flügels, machten sich aber auch die Österreicher gefechtsbereit. Hatten sie zu lange geschlafen? Einer ganz offenbar, vielleicht waren die Betten in Schloß Rohnstock zu weich gewesen: Prinz Karl von Lothringen. Natürlich waren die Österreicher durch das Kanonenfeuer bei Striegau aufgescheucht worden, aber Karl hielt tatsächlich diese Aktivitäten für den Angriff der Sachsen auf Striegau, der ja geplant war! Und wer stand nach seiner Ansicht bei Striegau? Die schwache Abteilung des General du Moulin! Erst um 7 Uhr tauchte Prinz Karl bei seinen Truppen auf. Immerhin: In seiner Abwesenheit hatte Feldzeugmeister Thüngen die Infanterie bis Günthersdorf und Thomaswaldau vorgehen lassen; im übrigen gab es bei den Österreichern noch immer keine klaren Dispositionen für den Fall einer Schlacht.

Als Karl von Lothringen schließlich die Nachricht erhielt, die Sachsen seien geschlagen und befänden sich auf der Flucht ins Gebirge, stand seine Armee in folgender Aufstellung, bereit, den baldigen preußischen Angriff zurückzuweisen: linker Flügel bei Günthersdorf, rechter bei Halbendorf, Mitte bei Thomaswaldau. In der gewohnten österreichischen Manier war dies eine gute Verteidigungsstellung, mit kleinen Gehölzen und Waldstücken, Gräben und dammartigen Wegen. Das Gelände bot außerdem den Vorteil, aus einer erfolgreichen Verteidigung zum verfolgenden Angriff übergehen zu können. Aber ein Detail zeigte, wer hier heute die überlegenen Truppen auf dem Feld hatte: Als die österreichische Kavallerie die im Anmarsch begriffene preußische attackieren sollte, führte sie diesen Befehl nicht aus, weil sie einen Bach nicht überqueren konnte. Nur wenig später überquerten die Preußen denselben Bach ohne Schwierigkeiten...

Friedrich beobachtete unterdessen vom Windmühlenberg aus das Verhalten der Österreicher. Hier erhielt er auch die Meldung, daß der Angriff seines rechten Flügels durch die Niederung der Gule im großen und ganzen gelang, so daß er neu disponieren konnte. Es kam nun darauf an, auch der österreichischen Stellung die Flanke abzugewinnen. Mit Genugtuung stellte Friedrich fest, daß die Österreicher sich begnügten, seinen Aufmarsch durch Kanonenfeuer zu stören, anstatt mit ihrer Kavallerie in die preußische hineinzufahren. Eine solche Aktion hätte die Lage durchaus zu ihren Gunsten ändern können. Friedrich ließ die Regimenter Truchseß und Markgraf Karl Günthersdorf gegenüber einschwenken und vorerst anhalten, weitere Einheiten des ersten Treffens sollten die Front nach links verlängern.

Exkurs »Einschwenken in die Schlachtlinie«
Was es damals hieß, aus einer Marschkolonne heraus in die Aufstellung zur Schlacht einzurücken, können wir uns heute kaum noch vergegenwärtigen. Tausende von Infanteristen mußten, oft unter dem Artilleriefeuer des Feindes, eine Schwenkung in deren Richtung vollziehen, alles in höchster Ordnung natürlich, denn bei »Confusion« war die Schlacht schon halb verloren, und aus einem »Längsmarsch«, manchmal ohne anzuhalten, in den »Quermarsch« übergehen. Nicht ohne Grund hatte Friedrich diese Manöver auf dem Bornstedter Feld bei Potsdam bis zum Umfallen

exerzieren lassen. Das Problem war auch, daß die einzelnen Bataillone und Regimenter aufschlossen und keine Lücke zwischen sich entstehen ließen, in die beherzte feindliche Kavallerie hätte stoßen können. Schließlich mußte die Regimentsartillerie samt den Munitionswagen mitgeführt und auch das zweite Treffen im Hintergrund aufgestellt werden...

Friedrichs Adjutanten »flogen« hin und her, selbst der französische Gesandte Valory, nach damaligem Brauch auf dem Schlachtfeld anwesend, wurde zu Botendiensten herangezogen. (Später hat er in seinen Memoiren darüber geschrieben). Sogar rennend, nicht marschierend, kam die Brigade Braunschweig heran, um in die Linie einzuschwenken. So stand gegen 7 Uhr die preußische Front gegen Günthersdorf und Thomaswaldau und konnte, auf 600 Schritt, ihrerseits mit der Kanonade beginnen. Doch der linke preußische Flügel stand noch nicht, denn wegen einer unter der Last der Truppen eingebrochenen Brücke in Teichau konnten nicht alle Kavallerieschwadronen rechtzeitig eintreffen. Aber abwarten wollte Friedrich nicht mehr, der Feind würde sich mit jeder weiteren Minute nur verstärken oder gar zur Attacke übergehen. So kam es, daß sich General von Kyau unverhofft einer Übermacht gegenüber sah, als er um 7.30 Uhr den Reiterkampf mit den Österreichern eröffnete. Das Gelände zwischen Halbendorf und Thomaswaldau war unübersichtlich, von Gräben durchzogen und sumpfig, eigentlich für Kavallerieattacken nach preußischer Art nicht geeignet, aber dieser Umstand bewirkte auch, daß die Österreicher ihre größere Zahl nicht zur Geltung bringen konnten. Ohne auf diese Übermacht zu achten, ritten die Preußen los, erzielten Anfangserfolge, erlebten dann aber einiges von dem, das sie vorher selbst praktiziert hatten: Die österreichischen Grenadiere, die als Besatzung in Thomaswaldau lagen, bekamen Gelegenheit, die Preußen in der Flanke zu beschießen, und als Teile des zweiten österreichischen Treffens unter General Baron Berlichingen ihnen in die linke Flanke kam, schien ihr Schicksal besiegelt.

Exkurs »Reserve«

Wie aus dem Plan »Ordre de bataille« ersichtlich, hielten beide Parteien eine Reserve in der Hinterhand. Diese bestand aus Kavallerie. So war's üblich in jener Zeit, denn von vornherein alles auf eine Karte zu setzen, mochte kein Feldherr riskieren. Die Reserve hatte im allgemeinen auch bei den Höhepunkten einer Schlacht stillzuhalten und auf Befehle zu warten, denn selten hatten ihre Kommandeure den Gesamtüberblick, so daß selbständiges Eingreifen nicht die Regel sein durfte. Bei der preußischen Reserve stand jedoch Hans Joachim von Zieten, den wir bereits im Vorfeld der Schlacht von Hohenfriedeberg bei seinem »Husarenritt« zum Markgrafen Karl kennengelernt haben. Sein Regiment gehörte zu der vorgeschobenen Abteilung des Generals von Nassau und wartete den Übergang des linken preußischen Flügels bei Teichau ab, um seine Reservestellung

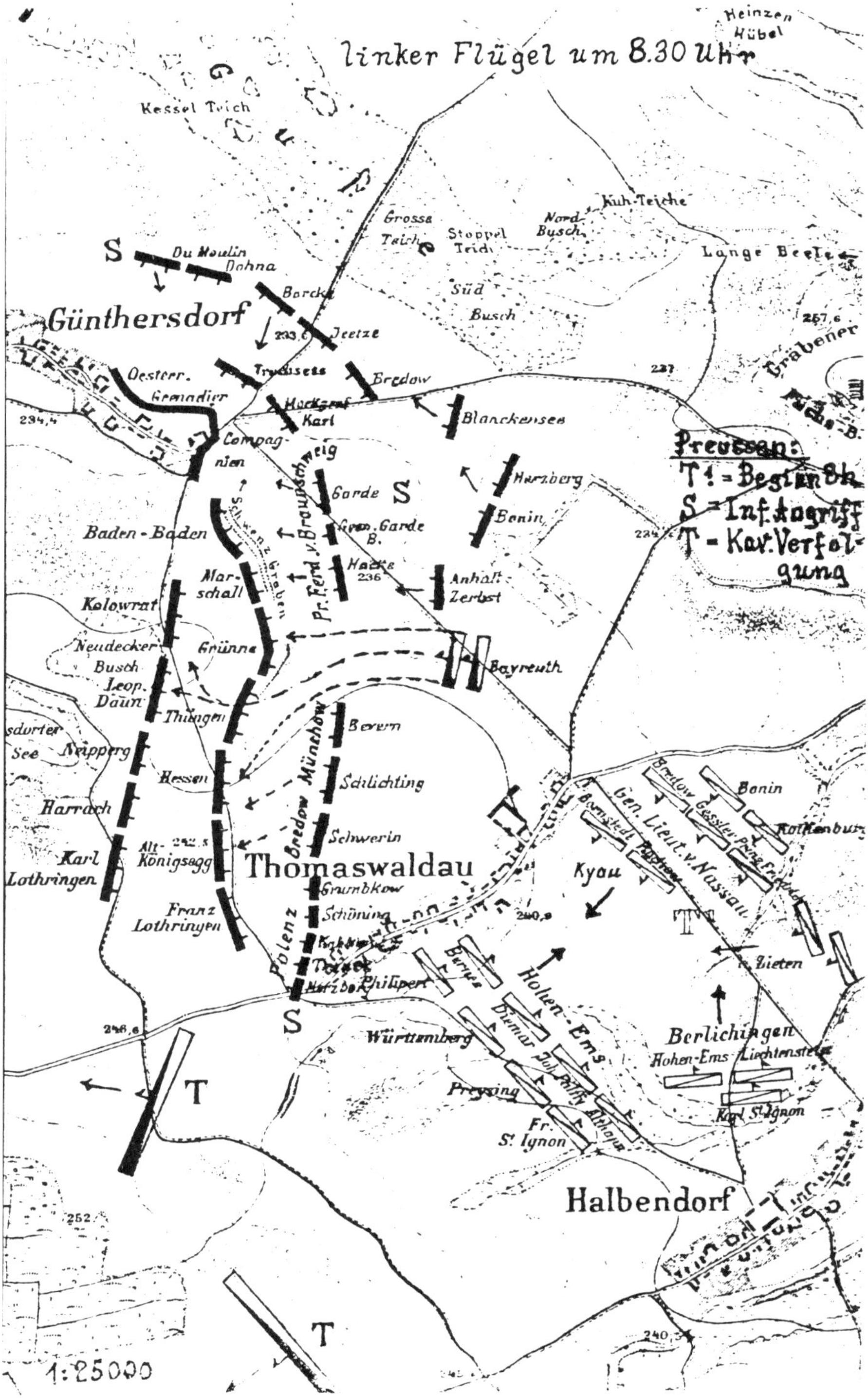

linker Flügel um 8.30 Uhr
Heinzen Hübel
Kessel Teich
Grosse Teiche
Stoppel Teich
Nord Busch
Süd Busch
Kuh-Teiche
Lange Beete
Günthersdorf
Du Moulin
Dohna
Borcke
Jeetze
Truchsess
Bredow
Markgraf Karl
Blanckensee
Oester. Grenadier Compagnien
Garde
Gren. Garde B.
Hacke
Pr. Ferd. v. Braunschweig
Herzberg
Bonin
Anhalt Zerbst
Bayreuth
Baden-Baden
Marschall
Kolowrat
Neudecker Busch
Grünne
Leop. Daun
Thüngen
Neipperg
Hessen
Harrach
Karl Lothringen
Alt-Königsegg
Franz Lothringen
Bevern
Schlichting
Schwerin
Bredow
Münchow
Polenz
Thomaswaldau
Grumbkow
Schöning
Philippert
Württemberg
Preysing
Fr. St. Ignon
Hohen-Ems
Diemar
Kyau
Gen. Lieut. v. Nassau
Bornstedt
Gessler
Bonin
Rothenburg
Zieten
Berlichingen
Hohen-Ems
Liechtenstein
Karl St. Ignon
Halbendorf
Grabener
Preussen:
T! = Beginn 8h
S = Inf. Angriff
T - Kav. Verfolgung
234,4
233,6
237
257,6
234
236
242,8
240,9
248,6
252
240
1:25000

zu beziehen. Zieten war ein Feuerkopf, der auch später noch Friedrich manche Sorge bereiten würde...

Da Zieten der Übergang der Kavallerie über das Striegauer Wasser zu lange dauerte und er des Wartens überdrüssig war, ließ er eine Furt zwischen Teichau und Gräben erkunden und ging dort hinüber. Somit hatte er das Glück, zur richtigen Zeit am richtigen Ort aufzutauchen und mit seinen zehn Schwadronen dem gefährlichen Berlichingen in die Flanke zu stoßen. General von Nassau folgte ihm mit 25 Schwadronen, und diese Reitermassen entschieden den Sieg der preußischen Kavallerie auf dem linken Flügel. Dieser Kampf bestand aus zahlreichen einzelnen Gefechten und Zusammenstößen von Regimentern und Schwadronen, da das Gelände, wie beschrieben, die Entwicklung zu weiträumigen Unternehmungen und ausgreifenden Attacken nicht zuließ. Hier mußten sich also, wenn einer der Gegner nicht zu übermächtig war, bessere Ausbildung und konsequentere Führung auszahlen - dieses geschah. Verzweifelt warfen die Österreicher bereits hier ihre Reserve ins Feld, die unter dem Kommando des Grafen Franz St. Ignon stand (siehe Plan »Ordre de bataille«), die österreichischen Generale scheuten sich nicht, persönlich mit vorzugehen, selbst Prinz Karl von Lothringen geriet ins Schlachtgetümmel und wurde nur durch den Mut des Schwadronsführers Graf Barziza vor der Gefangennahme gerettet, vergeblich -die Preußen schienen vom Rausch gepackt und hieben alles zusammen. Inzwischen hatten sie auch Thomaswaldau eingenommen und konnten von dort die österreichischen Reiter unter Flankenfeuer nehmen. Alles, auch ihren Feldherrn mit sich reißend, flüchteten sie nach Hohenfriedeberg hinein. Baron Berlichingen wurde gefangengenommen, ebenfalls St. Ignon, der schwerverwundet vom Pferd gestürzt war. 45 preußische Schwadronen besiegten 66 österreichische; der vom Wetter her strahlende Junitag war bei wenigen Minuten nach 8 Uhr angelangt...

Bei der Eroberung von Thomaswaldau und Günthersdorf kam es zu außerordentlich heftigen Kämpfen mit der österreichischen Infanterie, die den Tag durchaus noch nicht verloren geben wollte. Prinz Ferdinand von Braunschweig ging mit der Garde auf Günthersdorf vor und berichtete später:

»Das Kanonenfeuer fing jetzt an furchtbar zu werden, sowohl in der Front als in der Flanke. Es währte eine volle Stunde, tötete sehr viele Leute, aber erschütterte die Linie nicht, die wie eine eiserne Mauer unbeweglich stand...Das Gewehr auf der Schulter ging ich mit der größten Ordnung von der Welt vor, und nun fing unser ganzer linker Flügel an, dieser Bewegung zu folgen. Der Feind verdoppelte sein Kanonenfeuer und schoß mit Kartätschen und Gewehrsalven, mindestens 18 Salven. Aber wir blieben unaufhaltsam im Vorrücken; im Gegenteil, im Sturmschritt vorgehend, begannen wir unser Feuer erst auf 50 Schritt vor dem Feinde, immer avancierend, pelotonweise, doch zuletzt mit allgemeinen

Salven und bereit, mit dem Bajonett darauf loszugehen. Die österreichische Infanterie geriet in Verwirrung und wich...«
Mit geschultertem Gewehr den Feind angehen und erst auf kurze Distanz schießen - das war gewiß wirkungsvoll, kostete die Preußen aber überdurchschnittlich hohe Verluste.

Der Kampf mit der österreichischen Hauptmacht war durch die Eroberung von Günthersdorf nicht beendet. Noch standen sich preußische und österreichische Regimenter gegenüber, allmählich ermattend zwar, aber noch pausenlos schießend, und keiner wollte weichen. Es zeigten sich jetzt deutliche Lücken zwischen den preußischen Regimentern, die durch falsches Einschwenken und Mißverständnisse in der Übermittlung der Befehle Friedrichs entstanden waren. Von einem totalen Sieg konnte noch immer nicht die Rede sein. Aber im Gegensatz zu seinen beiden Kontrahenten Prinz Karl und dem Herzog von Weißenfels, die kaum noch Einfluß auf das Geschehen nehmen konnten, hatte Friedrich den vollen Überblick und nach wie vor alle Fäden in der Hand. Er ließ Regimenter ab- und vorrücken, sandte Befehle zu Umfassungen und Umgehungen und beobachtete auch das selbständige Handeln seiner örtlichen Befehlshaber; machten sie Fehler, ließ er sofort korrigieren. Einer seiner Befehle wurde mißverständlich ausgelegt - schnurstracks eilte er persönlich herbei, um zu berichtigen. Diesen seinen Feldherrnqualitäten stand auf gegnerischer Seite nichts gegenüber.

Wir haben erfahren, wie Generalmajor Hans Joachim von Zieten von der Reserve seine Chance bekam, entscheidend in den Reiterkampf einzugreifen. Im Lauf der harten Kämpfe um Günthersdorf und Thomaswaldau, die Hauptstützpunkte der Österreicher, aus denen man sie hinauswerfen mußte, erhielt ein Dragonerregiment eine ähnliche Chance. Es setzte sich während des Vormarsches in die Lücke zwischen dem Regiment Anhalt-Zerbst und der Brigade Braunschweig, deren Schlachtanteil Ferdinand von Braunschweig soeben geschildert hat. Der Kommandeur dieses Dragonerregiments, Oberst Otto Martin von Schwerin, war wie Zieten ein echter Reiterführer, bisher zur Untätigkeit verdammt und brannte nun darauf, entscheidend eingreifen zu können. Bei ihm fand sich Generalleutnant von Geßler ein...
Die 16 preußischen Bataillone rückten indessen unerschrocken gegen die österreichische Linie von Thomaswaldau und Günthersdorf vor. Dort standen Maria Theresias beste Soldaten, erprobt in vielen Schlachten, diszipliniert, mutig, den Preußen in gar keiner Weise unterlegen; sie haben den heutigen Tag noch nicht verloren gegeben. So empfingen sie die preußische Infanterie, - hier ebenfalls die Besten, zum Beispiel die Garde -, mit verheerendem Feuer, so daß deren Verluste in bisher unbekannte Höhen stiegen: ein Regiment verlor die Hälfte, ein anderes ein Drittel seines Bestandes, und die Österreicher hätten wohl standgehalten, wenn sie nicht immer wieder in den Flanken gefaßt worden wären. Auch sie litten natürlich unter dem Gewehr- und Artilleriefeuer der Preußen, einer ihrer

Häslicht
Pilgramshain
Schönberg
Schlichting
4.00
Sachsen
Eisdorf
v. Sachsen-Weißenfels
du Moulin
352
5.30h
Rothenburg
-60
Schwdr.
Stille
230
Gr. Teich
Österreicher
GÜNTHERSDORF
Dietr. v. Anhalt
-21 Btl-
Lange Beele
234
245
6.00h
Gräben
254
8.30 h -38 Btl-
Ferd. v. Brschweig
Truchseß
234
Österr. Grenadiere
Karl v. Lothringen
236
9.00 h
230
234
Thüngen
Masse der österr. Infanterie
Mündchow
THOMASWALDAU
Nassau
-45 Schwdr.-
Bredow
8.00h
Zieten
229
Teichau
Hohenfriedeberg
4. Juni 1745
Polenz
Hohen-Ems
Betlichingen
Striegauer Wasser
1 Km
1:36.360
240
Halbendorf

besten Führer, Baron Thüngen, fiel tot vom Pferd, Ludwig Ernst von Braunschweig, ein Bruder Ferdinands, werden drei Pferde erschossen, und einer der größten Gegner Friedrichs in späterer Zeit, Leopold Graf Daun, wird verwundet; er hätte, wie es später hieß, »seine Bataillone persönlich vorgeführt«. An Mut ließen es die österreichischen Führer freilich nicht fehlen.

Doch die österreichische Mitte sah sich allmählich allein gelassen und den Preußen, vor allem von den Flanken her, ausgeliefert. Wo waren ihre Kavalleristen rechts, die Sachsen links geblieben? Die beiden Stützpunkte ihrer Linie, Thomaswaldau und Günthersdorf, waren gefallen - »werden wir hier nutzlos geopfert?« Sie konnten nicht wissen, daß Friedrich bereits geäußert hatte:
»Die Schlacht ist gewonnen.«
Und das, obwohl die entscheidende Attacke, die eine der berühmtesten der Kavalleriegeschichte werden sollte, noch gar nicht angelaufen war...

Exkurs »Kavallerie gegen Infanterie«
Was war die »Traumvorstellung« eines Kavalleristen damaliger Kriege? Das ist ganz einfach zu beantworten: Einmal so richtig nach Herzenslust dreinhauen! Zum Beispiel in feindliche Infanterie, die anderweitig beschäftigt und damit in ihrer Aufmerksamkeit abgelenkt war oder selbst feindliche Infanterie die beschossen wird, beschießt, oder bereits so erschöpft ist, daß sie zu weichen beginnt und damit die allgemeine Auflösung droht. Dann kommt die Stunde der feindlichen Kavallerie, allerdings nur, wenn sie parat steht und möglichst noch unverbraucht ist. Wird abgekämpfte Infanterie von frischer Kavallerie attackiert, ist sie verloren. In dieser Schlacht wurde dies überzeugend bewiesen...

Namhafte österreichische Regimenter, so die Regimenter Baden-Baden, Grünne, Hessen und Marschall standen noch, aber ihre Katastrophe bahnte sich an, als das Regiment Thüngen aufgab und sich zur Flucht wandte. Denn die Preußen drangen unaufhaltsam heran, zwar ermüdet und gelichtet, aber trotzdem furchterweckend; wie lange würden sie noch durchhalten können? Wie eine Befreiung ertönten von links, von der Brigade Braunschweig her, Kavalleriesignale. Was nun geschah, schildert das GStW folgendermaßen:
»Vor der Front des Regiments reiten allen sichtbar Geßler und Schwerin, die Majors von Jürgas und von Chazot vor ihren Schwadronen. Das 1.500 Pferde starke Regiment marschiert auf und braust mit seinen zehn Schwadronen in entwickelter Linie heran. Sein rechter Flügel wirft sich auf das Regiment Grünne, der linke auf Hessen, die Mitte bricht in die Lücke ein, welche die Flucht des Regiments Thüngen zwischen den eben erwähnten Regimentern gelassen hat, und reitet, bis zu dem zweiten feindlichen Treffen hindurch jagend, hier die Regimenter Leopold Daun und Kolowrat nieder. Der allgemeine Schrecken pflanzt sich nach links auf Marschall und Baden fort, es ist kein Halten mehr bei der österreichischen Infanterie.«

Es war jetzt etwa 9 Uhr. Die preußischen Infanteriebataillone, die angehalten hatten, sahen, als Staub und Pulverdampf sich gelegt hatten, ihre Feinde nicht mehr vor sich, denn die Kavallerie hatte sie buchstäblich vom Schlachtfeld gescheucht und war nun umbarmherzig dabei, sie zu verfolgen und möglichst weit und auseinander zu treiben. Man muß sich das eben Geschehene einmal am in-

Angriff des Dragoner-Regiments Bayreuth in der Schlacht von Hohenfriedeberg. Zeichnung von P. Jansen *Sammlung Csallner*

neren Auge vorbeiziehen lassen: Eine Masse von 1.500 Pferden, geritten von säbelschwingenden Männern, stürmt mit voller »Fahrt« in eine riesige Gruppe von »Fußgängern«, die bisher aus nächster Nähe abgegebenes Gewehrfeuer ausgehalten haben. Nun werden sie von Hufen niedergetrampelt und von oben her mit tödlichen Hieben bedacht. Da kann's kein Halten mehr geben. Aber eine Flucht ist beinahe noch tödlicher, denn nun kommt der Feind von hinten, überreitet in vollem Galopp und hat noch bessere Möglichkeiten für Kopf- und Nackenschläge. Für ihn selbst besteht kaum noch Lebensgefahr, denn ein flüchtender Infanterist wehrt sich selten. Die Verlustzahlen beweisen dies: Alle 20 österreichische Bataillone, die hier standen, erlagen dem Angriff eines einzigen preußischen Kavallerieregiments, das 2.500 Gefangene machte, 66 Fahnen erbeutete und selbst nur 94 Mann verlor. Der Name »Dragonerregiment Bayreuth« ging mit diesem Ritt in die Geschichte ein...

So sah Adolph von Menzel die Attacke der Bayreuther Dragoner auf die österreichische Infanterie.

In einer beispiellosen Flucht fluteten die Österereicher gegen Hohenfriedeberg zurück, wo sie von dort stationierten Truppen und der Abteilung Nadasdys aufgefangen wurden. Dieser hatte das Fiasko wohl kommen sehen und sich von Hohenfriedeberg gegen das Schlachtfeld vorgezogen, ohne aber noch eingreifen zu können. Der »vorausgeeilte« Prinz Karl von Lothringen hatte in aller Eile Geschütze aufstellen lassen, die nun von den Höhen aus die verfolgenden Preußen bedrohten.

Standarte des Dragoner Regiments 5 (Bayreuth).

Über die Gesamtverluste der Schlacht gab es von vornherein unterschiedliche Angaben. Wir folgen den Daten Leopold von Orlichs, der sehr gut aufgeschlüsselt hat.

Preußische Verluste:	Tote	Verwundete und Vermißte
Infanterie Offiziere	24	80
Infanterie Mannschaft	635	2.878
Kavallerie Offiziere	6	67
Kavallerie Mannschaft	234	810
Preußen gesamt	899	3.835

Österreichische Verluste:	Tote	Verwundete	Gefangene u. Vermißte
Infanterie	1.398	2.236	5.290
Kavallerie	391	582	357
Österreicher gesamt	1.789	2.818	5.647

Sächsische Verluste:	Tote	Verwundete	Gefangene u. Vermißte
Infanterie	1.453	2.068	1.300
Kavallerie	570	873	206
Sachsen gesamt	2.023	2.941	1.506
Gesamtverluste	4.711	9.594	7.153

Die Verluste in Prozenten betrugen bei den Preußen 8,6%, bei den Österreichern 19% und bei den Sachsen 25%. Die Zahlen für die Sachsen scheinen bei Orlich zu hoch gegriffen zu sein, das GStW bringt sie deutlich geringer. Auf dem Schlachtfeld von Hohenfriedeberg wurden 4.018 Soldaten beerdigt, allein auf der Feldmark von Günthersdorf 2.053, was die Härte der Kämpfe hier beweist. Unter den genannten Beerdigungen waren 421 Verwundete, die in Striegau nachträglich an ihren Wunden sterben mußten.

Die Verwundeten! Ein leidiges Thema zu allen Zeiten, aber damals besonders traurig, da die Medizin noch immer nicht viel weiter als zur Römerzeit gekommen war. Ärzte, die wirklich helfen konnten, gab es nicht, Feldschere, die nicht mehr als verbinden und amputieren und Geistliche, die nur beten und trösten konnten, hatten die Hauptarbeit. Lassen wir zum Ende dieses Kapitels unserem Augenzeugen aus Pilgramshain das letzte Wort. Er und seine Dorfbewohner freuten sich, noch am Schlachttag nach Hause zurückkehren zu dürfen, nachdem Friedrich sich im Schloß zu Rohnstock einquartiert hatte.

»Allein was vor ein jammervolles Schauspiel stellte sich alsdann vor unsere Augen, da unsere Felder und Dorf mit Leichen und Verwundeten, mit todten und blessirten Pferden, mit einer großen Menge Gewehr und vieler abgeworfenen

Bagage und Fourage gleichsam übersäet schien. Den Befehl Ihro Majestät des Königs, die Verwundeten auf der Wahlstatt (ohne Unterschied) mit Getränke zu laben, und sie nachgehends in unsere Häuser zu bringen, gab uns so vieles zu thun, und ihr erbarmungswürdiger Zustand nebst ihrem Winseln und Klagen rührte und betrübte uns dergestalt, daß wir unser selbst noch nicht recht bewußt waren, bis wir endlich diese Blessirten zu fernerer Verpflegung nach Striegau gebracht und die Todten, ungefähr 350 Mann und 120 Pferde, begraben, wir den großen Schaden, der auf unseren Feldern sonderlich an der Winterung (Wintergetreide) geschehen...«
Es folgt dann noch sein Dank, mit dem Leben davongekommen und von Brand und Zerstörung verschont geblieben zu sein...

Daß die braven Landsleute bei ihrer Pflicht, die Toten beerdigen zu müssen, auch an sich dachten, war selbstverständlich; war's denn nicht auch zu schade, die schönen Uniformen mit unter die Erde zu tun? Kürassier Nicolaus Stephan vom sächsischen Regiment Maffei hat sein diesbezügliches Erlebnis zu Protokoll gegeben. Erst sagte er aus, siebenmal blessiert worden zu sein,
»...als drei Hiebe in den Kopf, drei Hiebe in den rechten Arm und einen Schuß durch die linke Achsel bekommen«,
so daß er »vor todt« niedergefallen sei. Schließlich habe er sich im Korn verstecken können.
»Er sey, als er im Korn gelegen, von neuem ohnmächtig worden, und endlich, als drei Bauern ihm seine vor drei Jahren erhaltene Mundirung (Montierung) und Stiefel ausgezogen, wieder zu sich gekommen, auf großes Lamentiren hätten diese ihm seine Weste wiedergegeben...«
So wird manches »Andenken« an die Schlacht von Hohenfriedeberg in bäuerlichen Kleiderschränken und Truhen verschwunden sein.

Aus dieser »Beerdigungstabelle«, die aus den Aufzeichnungen des Prinzen Ferdinand von Braunschweig stammt, kann indirekt auf die Härte der Kämpfe geschlossen werden, die bei den Ortschaften stattfanden. Es wurden an Freund und Feind auf den Gemarkungen folgender Städte und Dörfer beerdigt:

Pilgramshain	350	Hohenfriedeberg	2	Weiden-Petersdorf	6
Häslicht	26	Schweinitz	52	Kauder	24
Eisdorf	373	Simsdorf	2	Hohen-Petersdorf	23
Günthersdorf	2.053	Hausdorf	74	Lauterbach	1
Thomaswaldau	396	Rohnstock	14	Nieder-Baumgarten	1
Halbendorf	92	Dätzdorf	1	Wolmsdorf	13
Ullersdorf	84	Ober-Bolke	10	in Striegau gestorben	421

zusammen 4.018 Soldaten

Verlustliste

für das Preußische Heer in der Schlacht bei Hohenfriedeberg am 4. Juni 1745.

(Im Wesentlichen nach dem Nachlaß des Herzogs Ferdinand von Braunschweig.)

Truppentheile	Todt oder infolge der Verwundung gestorben		Verwundet		Vermißt		Summe	
	Offiziere	Mannschaften	Offiziere	Mannschaften	Offiziere	Mannschaften	Offiziere	Mannschaften
Generalität	1	—	2	—	—	—	3	—
Gren. Bat. Wedel	1	29	4	132	—	—	5	161
= = Buddenbrock	5	42	3	227	—	—	8	269
= = Grumbkow	—	—	2	17	—	—	2	17
= = Lepel	—	1	—	—	—	—	—	1
= = Jeetze	—	2	—	—	—	1	—	3
= = Tauentzien	—	2	—	—	—	—	—	2
= = Geist	—	1	—	—	—	—	—	1
= = Kahlbutz	1	3	—	14	—	—	1	17
= = Schöning	—	—	—	3	—	—	—	3
= = Sydow	1	23	1	83	—	1	2	107
= = Kleist von Jung-Schwerin	—	25	5	114*	—	—	5	139
= = Kleist von Würtemberg	—	—	—	2	—	—	—	2
= = Trenck	—	—	—	—	—	2	—	2
= = Luck	—	1	—	1	—	—	—	2
= = Langenau	—	7	—	9	—	3	—	19
= = Herzberg	—	—	—	7	—	—	—	7
= = Jaeger	—	4	1	18	—	—	1	22
Regiment Garde	3	16	2	62	—	—	5	78
Gren. Garde-Bat.	—	66	7	117	—	1	7	184
Regiment Anhalt	—	7	—	21	—	—	—	28
= Schwerin	2	52	5	219	—	—	7	271
= Holstein	—	1	—	2	—	—	—	3
= Anhalt-Zerbst	—	2	1	43	—	—	1	45
= Kalckstein	—	3	—	—	—	3	—	6
= Jeetze	—	2	—	15	—	—	—	17
= Markgraf Karl	—	7	1	26	—	2	1	35
= Borcke	—	—	—	3	—	—	—	3
= Lehwald	—	4	—	1	—	—	—	5
= Truchseß	1	2	1	32	—	1	2	35
= la Motte	—	4	—	5	—	—	—	9
= du Moulin	—	—	—	1	—	—	—	1

* Nach „Ungedruckten Nachrichten" 124 verw.

Verlustliste

für das Preußische Heer in der Schlacht bei Hohenfriedeberg
am 4. Juni 1745.

(Im Wesentlichen nach dem Nachlaß des Herzogs Ferdinand von Braunschweig.)

Fortsetzung

Truppentheile	Todt oder infolge der Verwundung gestorben		Verwundet		Vermißt		Summe		
	Offiziere	Mannschaften	Offiziere	Mannschaften	Offiziere	Mannschaften	Offiziere	Mannschaften	
Regiment Dohna	—	—	1	2	—	—	1	2	
„ Prinz Moritz . . .	—	16	—	32	—	22	—	70	
„ Bonin	—	2	—	12	—	—	—	14	
„ Herzberg	—	2	—	6	—	—	—	8	
„ Schlichting . . .	1	31	3	171	—	—	4	202	
„ Hacke	3	67	14	564	—	—	17	631	
„ Blanckensee . . .	—	—	—	2	—	—	—	2	
„ Bredow	—	1	—	4	—	—	—	5	
„ Polenz	—	20	1	120*	—	—	1	140	* Ungedr. Nachr. 121 verw.
„ Bevern.	5	91	14	404	—	2	19	497	
„ Hautcharmoy . . .	1	43	7	119	—	3	8	165	
„ Erbprinz von Hessen-Darmstadt . . .	4	49	5	184	—	6	9	239	
„ Artillerie	—	6	—	37	—	—	—	43	
Regt. zu Pferde Gensdarmes .	—	5	1	37	—	—	1	42	
„ „ „ Buddenbrock .	2	15	13	102	—	—	15	124	Garde du Corps, nach Ungedr. Nachr. 1 M. todt, 5 M. verw. — Regts. Gesch. 2 M. todt, 4 M. verw.
„ „ „ Prinz von Preußen . .	—	2	2	40	—	—	2	42	
„ „ „ Karabiniers .	1	9	2	58	—	—	3	67	
„ „ „ Kyau . . .	—	8	2	42	—	—	2	50	
„ „ „ Bornstedt . .	1	24	12	74	—	—	13	98	
„ „ „ Rochow . . .	—	13	6	71	—	—	6	84	
„ „ „ Bredow . . .	—	9	5	38	—	—	5	47	
„ „ „ Geßler . . .	—	15	2	25	—	—	2	40	
„ „ „ Prinz Friedrich	—	14	3	25	—	—	3	39	
Drag. Regt. Möllendorff . .	—	16	6	41	—	—	6	57	
„ „ Posadowsky . .	1	27*	1	70	—	—	2	97	* Ungedr. Nachr. 21 todt.
„ „ Württemberg . .	—	1	1	11	—	4	1	16	
„ „ Nassau	—	8	1	18	—	3	1	29	
„ „ Alt-Württemberg	—	22*	—	13	—	12	—	47	* Ungedr. Nachr. 21 todt.
„ Bayreuth . . .	—	28	6	60	—	—	6	88	
„ Bonin	—	8	3	29	—	5	3	42	
„ Rothenburg . .	1	8	2	25	—	—	3	33	
Im Ganzen . .	35	866	148	3617	—	71	183	4554	

Die Zeittabelle der Schlacht von Hohenfriedeberg

Versammlung d. preufs. Gen.		vor Tages-Anbruch
Beginn des Kampfes durch die sächs. und preufs. Vorhut	Beginn durch die Sachsen ohne vorheriges Vorgehen du Moulins	4 Uhr
Kav.-Kampf auf dem rechten preufs. Flügel	Das preufs. Heer tritt an	4
	Aufmarsch der Verbündeten	$4^1/_2$—$5^1/_2$
	Reiterkampf	$5^1/_2$ —$6^1/_2$
Inf.-Kampf auf dem rechten preufs. Flügel	Angriff auf die Gule	6—7
	Der linke Flügel der Verbündeten vollkommen geschlag.	7
Inf.-Kampf auf dem linken preufs. Flügel	Prinz Karl zu Pferde	gegen 7
	Aufbruch und Aufmarsch der Österr. (s. hier S. 317 Anm. 5)	wesentlich eher
	Beginn des preufs. Aufmarsches (einschl. Truchsefs)	$6^1/_2$—$7^1/_2$
	Einrücken der Preufsen in die Linie	bis gegen $8^1/_2$
	Vorgehen d. Preufsen	$8^1/_2$
Kav.-Kampf auf dem linken preufs. Flügel	Reiterkämpfe (Polentz' Eingriff gegen Ende wesentlich nach Nassaus)	$7^1/_2$ — nach 8
Bayreuth-Angriff		gegen 9
Ende der Schlacht		9

WARUM HAT FRIEDRICH GEWONNEN?

Man könnte antworten: Weil seine Gegenspieler Prinz Karl von Lothringen und Herzog von Weißenfels ihm als Feldherren nicht gewachsen waren. Aber das wäre nur ein Teil der Wahrheit. Vergleichen wir Mut, Einsatzfreude und Bereitschaft der gemeinen Soldaten miteinander, dann müssen wir wohl zu einem Remis kommen, denn es hieße den verbündeten Truppen Unrecht tun, sie kämpferisch abzuqualifizieren. Wie wir erlebt haben, sind ja auch preußische Truppen im Lauf der Schlacht einmal ins Wanken geraten. Beim Einsatz des Materials, hier der Artillerie, hat es allerdings eine eindeutige preußische Überlegenheit gegeben, woraus sich auch die hohen Verluste der Verbündeten erklären lassen.

So bleibt in der Hauptsache die Führung zu beurteilen. Und da freilich trifft die obige Antwort zu. Gegen den königlichen Feldherrn erscheinen die beiden Oberbefehlshaber der Verbündeten tatsächlich als militärische Waisenknaben. Zu ihrer Fehleinschätzung der Gesamtlage kamen Selbstsicherheit und Überheblichkeit, die auf den Erfolgen des Vorjahres basierten. Zwar muß ihnen zugestanden werden, daß ein nächtlicher Anmarsch, wie die Preußen ihn vollzogen, nicht den Gepflogenheiten der Zeit entsprachen, aber unbekannt waren derartige Methoden nicht, so daß sie wenigstens einkalkuliert werden mußten. Und ganz folgerichtig wurden den beiden Verantwortlichen in Wien und Dresden bittere Vorwürfe gemacht, sie hätten's an der nötigen Sorgfaltspflicht fehlen lassen. Eine der Schwachstellen war die Kriegsunerfahrenheit der sächsischen Offiziere, die hier mit ihren preußischen Kollegen nicht mithalten konnten. Und dann die Aufklärung! Sie war, wie schon angedeutet, eine Domäne der österreichisch-ungarischen leichten Truppen, die ja auch genug in der Gegend ausgeschwärmt gewesen sind.

Die schiefe Schlachtordnung. Nach den Schlachtberichten war man in Wien ganz erstaunt, wie es geschehen konnte, daß der linke Flügel voll in der Schlacht, der rechte aber regungslos stand. Solche militärischen Tricks, wie Friedrich sie anwandte, konnten weder in Wien noch den österreichischen Militärs unbekannt sein - schließlich lebte vor wenigen Jahren ihr größter Feldherr noch: Prinz Eugen! Hatten sie alles vergessen? Wir kommen der Sache wohl am nächsten, wenn wir erneut feststellen, daß die Verbündeten, von Maria Theresia bis zum subalternen Offizier, Friedrich und seine Soldaten unterschätzt haben.

Hierbei hatten sie das Pech, daß er ausgerechnet jetzt zu seiner Höchstform als Stratege und Truppenführer »aufgelaufen« war, nachdem er sich, trotz zweier

Szene nach der Schlacht bei Hohenfriedeberg

Siege, nicht sehr mit Ruhm bedeckt hatte. »Alle Fäden in der Hand haben« -dies war ihm am 4. Juni in höchstem Maß geglückt, und noch eine Fähigkeit, die ihm später das Überleben sichern sollte, kehrte er hervor: Menschen motivieren! Nicht nur seine Offiziere und Generale, sondern auch die einfachen Soldaten, die ihm trotz ihres Söldnerstatus honorierten, daß er stets unter ihnen war und auch Gefahren und Strapazen nicht scheute.
Somit sehen wir mit Hohenfriedeberg Anfänge und Entwicklungen, die später von überragender Bedeutung werden sollten - aber noch ahnte niemand auf diesem Schlachtfeld, wieviel Blut wegen Schlesien noch fließen sollte... Zitieren wir hier zutreffend Leopold von Orlich:
»So war, sagte der König, die dritte Schlacht geliefert, welche über den Besitz Schlesiens entscheiden sollte; aber es war nicht die letzte. Wenn die Fürsten mit Provinzen spielen, sind die Menschen die Zahlpfennige. Durch List war diese Tat vorbereitet und durch Mut ausgeführt. Der Prinz von Lothringen, überlistet, hatte bei seinem Projekt vergessen, daß 70.000 Preußen entschlossen waren, ihm nicht einen Schritt breit Land zu überlassen, ohne es auf das Äußerste verteidigt zu haben. Hierüber, wie sich der König ausdrückt, kreuzten sich die Pläne der Österreicher und Preußen wie entgegengesetzte Winde, welche Wolken sammeln, deren Zusammentreffen aber Blitz und Donner erzeugen. Wäre Prinz Karl nicht durch seine Spione getäuscht worden, er hätte sich nicht so

gröblich in den Schlingen fangen können, die ihm gelegt waren. Es läßt sich hieraus die Warnung abnehmen, sich durch keine Gründe verleiten zu lassen, die ersten Regeln der Vorsicht aus den Augen zu setzen, welche die Kriegskunst lehrt, und wenn auch alles unser Projekt zu begünstigen scheint, niemals den Feind zu gering zu schätzen... So hängt das Schicksal der Staaten und der Ruf der Generale oft an sehr geringfügigen Dingen. Ein einziger Moment entscheidet!...«

Eine Betrachtung ist bisher unberücksichtigt geblieben: Hat der Angriff der Bayreuther Dragoner den endgültigen Sieg gebracht? Man muß wohl antworten: Er hat ihn beschleunigt, vielleicht wäre Friedrich sonst erst gegen 10 Uhr mit seinen Gegnern fertiggeworden. Denn Tatsache ist, daß von den preußischen Bataillonen 37 (manche geben 27 an) noch gar nicht im Feuer gewesen wären, so daß Friedrich Reserven genug besaß, die er der bereits wankenden österreichischen Linie entgegenwerfen konnte. Selbstbewußt schrieb Friedrich über diese Schlacht:
»...Aber man muß gestehen, bei der Tapferkeit der Truppen, die bei Hohenfriedeberg fochten, lief der Staat keine Gefahr...«

DIE VERFOLGUNG AM SELBEN TAG

Wenn man aus heutiger Sicht kritisiert, daß nach der Schlacht keine Verfolgung des geschlagenen Gegners stattgefunden hat, muß man sich die Verhältnisse der damaligen Zeit vor Augen führen. Erstens war eine rigorose Verfolgung nicht üblich, wenn sie auch hier im Interesse Friedrichs gelegen hätte; zweitens waren seine Truppen durch die fünfstündige Schlacht, wenigstens der größte Teil von ihnen, vollkommen ausgelaugt und wohl kaum imstande, die Sachsen und Österreicher, die noch über Truppenteile verfügten, die kaum am Kampf teilgenommen hatten, nachhaltig nach Böhmen hinein zu verfolgen; dann wären es nämlich die Preußen gewesen, die gegen verschanzte Gebirgsstellungen hätten anrennen müssen.

Natürlich bemühte sich Friedrich noch am selben Tag, dem abziehenden Feind nachzusetzen. Zu einer Tageszeit, zu der friedliche Mitmenschen sich zum zweiten Frühstück versammeln, war die Schlacht von Hohenfriedeberg abgeschlossen. Aber auf den Höhen von Hohenfriedeberg und Kauder stand österreichische Kavallerie des rechten Flügels, vereinigt mit Resten der Regimenter Durlach und Wallis, die mehrere Geschütze aufgefahren hatten, und außerdem war, wie

erwähnt, General Nadasdy mit seinen leichten Truppen hinzugestoßen. Das Regiment Bayreuth, noch richtig in Schwung, vertrieb zwar die Österreicher aus Hausdorf, fand es dann aber doch zu riskant, in den Feuerbereich der aufmarschierten Abwehrfront zu geraten. Nachdem die preußische Infanterie eine Verschnaufpause eingelegt hatte, formierte sie sich in der ganzen Linie neu und ging mit klingendem Spiel gegen die Höhenzüge vor. Friedrich beabsichtigte also durchaus, den Tag zu nutzen und den Feind weiterzutreiben. Der französische Gesandte Valory schreibt, die Linie sei 2.000 Schritt vorgegangen, in höchster Ordnung »und ohne daß ein Soldat sich bückte, um die Toten und Verwundeten zu untersuchen«. Ludwig Ernst von Braunschweig stellte fest:
»Je unordentlicher wir uns retirierten, desto ordentlicher verfolgte uns der Feind, welches unser Glück war.«
Doch als die Preußen die österreichische Aufstellung sahen, machten sie Halt, stellten ihre Kanonen auf und beschossen sie. Die Österreicher antworteten und erreichten ihr Ziel: ihren geschlagenen Truppen einen geordneten Rückzug zu ermöglichen. Diese gegenseitige Kanonade zog sich bis Mittag hin. Ab 1 Uhr versammelte sich das österreichische Heer in Reichenau, wo auch Prinz Karl eintraf und allmählich seine später eintrudelnden Verbündeten, die Sachsen, wiedersehen durfte. Sie hatten länger gebraucht, da sie sich vorher in Bolkenhain, von General du Moulin verfolgt, zu sammeln suchten. Zuletzt stießen die Reste ihres Grenadierkorps, von den Preußen fast aufgerieben, noch zum Heer, das,-Ironie des Schlachtenglücks -, die Nacht unweit jenes Lagers verbrachte, von dem aus es am 3. Juni siegesgewiß in die Ebene marschiert war. Von hier aus sandte Prinz Karl den ersten Bericht an seinen Bruder in Wien:

»...heute morgen haben die Preußen uns attackiert, so daß wir einen Teil unserer Fahnen und Kanonen und viele Leute und besonders Generale verloren haben. Der arme Thüngen ist tot, Berlichingen vermißt oder gefallen. Wir haben den Rückzug in die beste Position der Welt hinter uns... Auf die erste Salve ist eine Menge Leute umgekehrt, es gab keine Möglichkeit, sie zurückzubringen. Einige Regimenter, die standgehalten haben, brachten Opfer; na ja, Gott hat es gewollt. Wir haben uns am Fuß des Gebirges neu aufgestellt, aber die Preußen verfolgten uns bis in unsere Nähe; der Herzog und ich haben uns hier nach Reichenau zurückgezogen, von dort schreibe ich Ihnen... Die Preußen sind am Fuß des Gebirges halten geblieben, Jay hat 200 Husaren dort gelassen, um ihre Manöver zu beobachten. Sie können selbst über den Zustand, in dem ich mich befinde, urteilen; aber solange noch ein Tropfen Blut in meinen Adern fließt, ist alles für den Dienst an der Königin. Ich habe den Mut, diese Nachricht an die Königin zu schreiben. Gott sei Dank, ich bin nicht verletzt worden, Daun ist es, aber ich hoffe, daß es nichts ausmachen wird. Der Prinz von Wolfenbüttel ist gestürzt, sein Pferd ist unter im getötet worden, jetzt hat er eine Prellung. Verzeiht, aber das Unglück macht mich traurig, auch daß unsere Leute wie die Hunde gestorben sind. Entschuldigen Sie bitte diesen Ausdruck, aber ich bin

verärgert... ich werde zu einem späteren Zeitpunkt Einzelheiten berichten, wenn wir mehr Ruhe haben. Wir haben Regimenter, die nur noch aus 120 Mann und einem oder zwei Offizieren bestehen... Ich glaube, daß die Sachsen ihre ganze Vorhut verloren haben. Diese bestand aus 18 Kompanien Grenadiere...«

DIE VERFOLGUNG IN DEN NÄCHSTEN TAGEN

Wir haben erfahren, daß 37 von 69 Bataillonen der Preußen überhaupt nicht an der Schlacht teilgenommen haben. Hätten sie nicht der Stamm sein können, die Verbündeten rigoros zu verfolgen und ihnen notfalls eine neue Schlacht zu liefern? Später gab Friedrich selbst zu, daß eine solche Verfolgung die nächste Schlacht vielleicht erspart hätte. Bekanntlich kann auch ein Feldherr nachher schlauer sein als vorher...

Am 5. Juni freilich begann so etwas wie eine Verfolgung der Gegner. Der größte Teil der Armee blieb im Lager, aber der wackere du Moulin wurde mit einer Avantgarde von 14 Bataillonen, 15 Schwadronen Dragoner und 48 Schwadronen Husaren in Marsch gesetzt. Das war eine beachtliche Streitmacht, die durchaus einen sich stellenden Gegner zu schlagen vermochte. Sie wurde bis Bolkenhain vorgeschickt. Vorsichtshalber ließ Friedrich General Münchow mit 2 Bataillonen und 10 Schwadronen die Wege zwischen Breslau und Schweidnitz frei halten und die Feldbäckerei nach Braunau bringen. Am 6. Juni rückte Friedrich in das von du Moulin verlassene Lager ein, schob sich also langsam vor. Du Moulin stand unterdessen zwischen Landshut und Reich-Hennersdorf, ließ die beiden Orte mit Grenadieren besetzen und ruhte am 7., bis die Armee nachrückte. Diese bezog Lager zwischen Landshut und Kloster Grüssau, am 8. ging die Avantgarde zwischen Friedland und Neudorf in Stellung - man sieht, um eine richtige Verfolgung handelte es sich nicht.

In Landshut soll es zu einem Vorfall gekommen sein, der ein typisches Bild der Zeit gibt und zeigt, was Kriege außerhalb ihres eigentlichen Wirkungsfeldes verursachen können. Als Friedrich in Landshut eintraf, gingen ihn 2.000 Bauern an und baten ihn, die Katholiken ihrer Umgebung totschlagen zu dürfen. Sie gedachten sich für die Unterdrückung zu rächen, die sie von den katholischen Geistlichen angesichts der bevorstehenden »Befreiung« und Loslösung Schlesiens von Preußen hatten erdulden müssen. Natürlich lehnte Friedrich dieses Ansinnen ab.

Aus Besorgnis, von den Preußen doch noch angefallen zu werden, begannen die verbündeten Truppen sich frühmorgens am 5. Juni in Marsch zu setzen, nach wie vor unter dem Befehl der beiden geschlagenen Oberbefehlshaber. Es galt, Böhmen zu erreichen und die Magazine zu decken, von deren Existenz damals die einzelnen Feldzüge abhängig waren. Die Deckungsaufgaben versahen die Korps unter Wallis und Nadasdy, die wiederum von preußischen Vortruppen verfolgt wurden. Als Prinz Karl die Nachricht erhielt, der Feind verfolge, ließ er die ganze Armee am 6., in zwei Kolonnen marschierend, nach Schömberg aufbrechen, gedeckt durch eine starke Nachhut aus Reserve, Husaren und Grenadieren. Um der nur langsam rückenden Armee und vor allem der zu rettenden Bagage einen Vorsprung zu verschaffen, stellte sich die Nachhut bei Landshut den preußischen Husaren zu einem Scharmützel, wobei diese die sächsischen Ulanen von einer Anhöhe vertrieben, von der sie den weiteren Abmarsch der Feinde zu beobachten gedachten.

Zu einem richtigen Gefecht kam es, als der gerissene Nadasdy allzu eifrigen preußischen Husaren einen Hinterhalt legte und 200 von ihnen gefangen nahm. Das brachte den unermüdlichen du Moulin derart in Rage, daß er seine Husaren und zwei Dragonerregimenter sofort den Gegner verfolgen und einholen ließ. In dem folgenden Gefecht bei Reich-Hennersdorf wurde Nadasdy geschlagen, mußte die 200 Gefangenen herausgeben und verlor selbst 100, die Überlebenden wurden bis Liebau versprengt. Diese kleine Niederlage veranlaßte Prinz Karl, seine Armee in Schömberg nur zwei Stunden ruhen zu lassen, dann ging's weiter bis Johnsdorf und am 7. für einen Rasttag ins Lager von Ratiborzitz. In Trautenau befand sich das große Magazin. Noch am Schlachttag hatte Prinz Karl dorthin Bedeckung gesandt, der es gelang, die Vorräte bis zum 9. Juni in Sicherheit zu bringen. Das nächste große Magazin war in Königgrätz.

Durch Überläufer erfuhr Friedrich von den Plänen seiner Gegner, und es reizte ihn natürlich, zur Sicherung der Grenzen Schlesiens den Österreichern die Magazine wegzunehmen oder diese auflösen zu lassen. Seine Armee rückte am 9. in ein Lager zwischen Friedland und Halbstadt, wo sie bis zum 13. verblieb. Er beschäftigte sich auch mit dem Gedanken, in Mähren einzufallen, fühlte sich aber gewarnt durch die Vorgänge des vergangenen Jahres. Im großen und ganzen war er nicht scharf auf eine neue Schlacht, hoffte insgeheim auf Frieden und wollte sich auf keinen Fall ins Feindesland locken lassen. Aber das Königgrätzer Magazin! Immer wenn Friedrich vorrückte und neue Lager bezog, so am 13. zwischen Groß-Labney und Bodisch, am 14. über die Metau, sorgte er für vollkommene Sicherheit und Anlehnung der Flügel an Ortschaften, General du Moulin immer voran - ihm sollte es nicht passieren, überrascht zu werden...

General du Moulin war mit dem bedachtsamen Vorgehen Friedrichs gar nicht einverstanden, schon am 6. Juni hatte er ihm geschrieben:

»Ich kann die Bestürzung des Feindes gar nicht genügend schildern, und ich glaube wirklich, wenn Eurer Majestät Armee es aushalten könnte und wenn die Verpflegungsanstalten folgen könnten, daß man ihn bis Prag und noch weiter jagen würde.«
Aber schon am 8. hatten sich beide Hauptarmeen, durchs Gebirge getrennt, 45 Kilometer voneinander entfernt, so daß die Absetzbewegungen des Prinzen Karl als gelungen angesehen werden mußten. Doch Friedrich täuschte sich in diesem Mann, ihn in seiner vorschnellen Art als unfähigen Feldherrn abzutun. Denn Karl sehnte nichts anderes herbei als eine zweite Schlacht in diesem Sommer, wollte aber die von Wien versprochene Verstärkung abwarten und die Schlacht in jedem Fall im eigenen Land schlagen: Friedrichs Versorgungsschwierigkeiten waren zu offensichtlich; wenn er nachkam, wurden die Wege für ihn immer länger und besser angreifbar, während die Österreicher sich aus dem eigenen Land versorgen konnten.
Wir wollen mit dem 15. Juni die beiden Gegner verlassen, nachdem Österreicher und Sachsen sich an der Elbe vereinigten und zwischen Semowitz und Königgrätz Lager bezogen. Um einen von Glatz erwarteten Brottransport zu decken und die Verbindung mit du Moulin nicht abreißen zu lassen, schickte Friedrich an diesem Tag Generalleutnant Lehwaldt mit sechs Bataillonen und zehn Schwadronen los. Die weiteren kriegerischen Ereignisse sind nicht mehr Thema dieser Abhandlung, ließen aber nicht lange auf sich warten...

Festzuhalten bleibt, daß Friedrich nicht alle Chancen wahrgenommen hat, den Gegner zu schädigen. Dies scheint er selbst einige Jahre später eingesehen zu haben, als er in seinen »General-Principien vom Kriege« schrieb:
»Wozu wird aber die Kunst zu siegen dienen, wenn man nicht von seinen Avantages zu profitiren weiß? Das Blut derer Soldaten gantz umsonst zu vergießen, wäre nichts anderes, als sie unmenschlicher Weise zur Schlachtbank führen, und in gewissen Fällen den Feind nicht verfolgen, um seine Furcht zu vergrößern, oder mehrere Gefangene zu machen, ist in gewisser Absicht nicht anders, als eine Sache, die nur allererst decidiret worden, zur neuen Untersuchung bringen.«

Der österreichische Veteran, der schon mehrfach zu Wort kam, hat sich hierüber ebenfalls Gedanken gemacht:
»Man wunderte sich zwar, daß der Sieger, seine Macht nicht beysammen behalten, und der österreichischen Armee, noch ehe sie sich von ihrer erlittenen Niederlage erholen konnte, eine zweyte Schlacht geliefert habe, um tiefer in Böhmen eindringen zu können. Allein, zu geschweigen, daß es gegen alle Grundsätze des Krieges gewesen wäre, eine Schlacht zu liefern, deren glücklicher Ausgang ihm wenig helfen, ein unglücklicher dagegen ihn um alle Früchte des erhaltenen Sieges hätten bringen, und seine Feinde in den Stand setzen können, es da wieder anzufangen, wo sie es gelassen hatten; so schien auch des Königs Absicht in dieser ganzen Campagne bloß dahin zu gehen, Schlesien zu decken; in Erwar-

tung des Friedens, den er sich von der eifrigen Vermittelung Englands versprechen durfte, seine Armee auf Kosten des Feindes leben zu lassen; und wenn die Zeit der Winterquartiere herannahen würde, sich wieder nach der schlesischen Gränze zu ziehen...«

DIE MILITÄRISCHEN UND POLITISCHEN FOLGEN DER SCHLACHT

Von diesem großen Sieg über die verbündeten Österreicher und Sachsen hatte sich Friedrich viel versprochen, sowohl militärisch als auch politisch; in beiden Ansichten wurde er enttäuscht. Hatten die Führer der verbündeten Armee den Fehler gemacht, ihn und die Fähigkeiten der preußischen Armee zu unterschätzen, so erging es Friedrich nicht anders in seiner Beurteilung der militärischen und politischen Gesamtlage: er war halt noch »Amateur« im Spiel der eingefuchsten europäischen Diplomatie, ihm fehlte gelegentlich - nicht immer - die Erkenntnis der Bedeutung Preußens auf dem europäischen Parkett. Brandenburg-Preußen war ein armer Staat, er wußte es und sprach es auch aus, der zu seiner Zeit einfach noch nicht in der Lage sein konnte, den altehrwürdigen, traditionsreichen europäischen Mächten seinen Willen aufzuzwingen. Friedrichs beinahe aufjubelnde Zuversicht, jetzt, nach dem 4. Juni müßte in wenigen Tagen Frieden gemacht werden, zeigt eindeutig seine Fehleinschätzung der militärischen und politischen Lage. Man könnte fast sagen: Selbst wenn er mit seinen Grenadieren bis Wien marschiert wäre, Maria Theresia hätte nicht aufgegeben; daß sie es gegen Ende des Jahres 1745 dann doch tat, ist eine andere Geschichte.

Die verlorene Schlacht konnte die Wiener Regierung nicht in dem Vorhaben erschüttern, Schlesien zurückzugewinnen. Wir haben erfahren, daß Friedrich nicht nachsetzte und die Verbündeten auf militärische Verstärkung warteten. Außer der Befreiung Schlesiens hatte Friedrich nichts erreicht, das war zwar viel und so rasch gar nicht erhofft, aber nicht genug. Kaum auszudenken, was bei einer Niederlage geschehen wäre. Hatte er nicht prophezeit, lieber untergehen als geschlagen heimkehren zu wollen! Und genau hier, wir wiederholen es, offenbart sich der Unterschied zwischen dem Preußen Friedrichs und dem Staat Maria Theresias: Dieser wäre auch nach einem Dutzend verlorener Schlachten nicht von der Landkarte verschwunden, Preußen jedoch sehr wohl, vermutlich zur Markgrafschaft Brandenburg degradiert worden.

Heinrich von Podewils, Friedrichs oft zaudernder Minister. Kupferstich von J. D. G. Fritzsch.

Am 6. Juni schrieb Friedrich hoffnungsvoll an seinen Minister von Podewils: *»...ich hoffe, Sie werden mit mir zufrieden sein. Ich lege eine bescheiden gehaltene Schilderung unserer Schlacht bei. Man behauptet noch viel mehr. Die Feinde haben beim ersten Appell in Landeshut gefunden, daß ihnen 25.000 Mann fehlten. Die Bestätigung wollen wir abwarten, ehe wir davon reden. Diese Schlacht wird uns einen guten Frieden und lange Ruhe verschaffen. Wir wollen sie herankommen lassen und suchen, die bestmöglichen Bedingungen zu erhalten: ziehen wir uns jetzt von dem Spiel zurück, so können wir es mit dem größten Ruhm und dem besten Namen von der Welt tun...Lassen Sie tedeumieren usw., wie sich das schickt.«*

Am 4. und 6. Juni schickte Friedrich zwei Briefe an Fürst Leopold von Anhalt-Dessau, den Alten Dessauer, dessen Sohn sich in der Schlacht »sehr distinguiret« hatte. Diese Briefe sind allein wegen ihres friderizianischen Deutschs lesenswert, so daß wir sie in einem frühen Druck wiedergeben. Friedrich selbst ließ am 6. in Bolkenhain ein feierliches Tedeum abhalten, das von einer dreifachen Salve der Artillerie abgeschlossen wurde. Damals war er noch in Sieges-Hochstimmung, und er konnte sich eine Zeitlang der Anerkennung erfreuen, die sein Sieg bei Freund und Feind hervorrief. Ganz klar, er war ein ernstzunehmender Partner oder Gegner geworden, je nachdem, aber bald ärgerte ihn maßlos, daß die erhofften Erfolge sich nicht einstellten. Besonders Frankreich, dessen Sprache und Bildung er schätzte, - sonst aber auch gar nichts -, enttäuschte ihn sehr, weil es nicht energisch genug gegen England, Holland und Österreich vorging. An Ludwig XV., von dem er naturgemäß wenig halten konnte, schrieb er nach der Schlacht folgenden Brief:

»Ich habe den Wechsel bei Friedberg eingelöst, den Sie bei Fontenai auf mich gezogen. Die Schlacht bei Fontenai und die Einnahme von Tournai sind für Sie rühmliche und für Frankreich vorteilhafte Ereignisse; aber für Preußens unmittelbaren Vorteil wäre eine am Ufer des Skamander gewonnene Schlacht oder die Einnahme von Peking wohl gleiche Diversionen gewesen.«

Klar, daß Friedrich sich durch solchen Sarkasmus keine dauerhafte Freundschaft aufbauen konnte. Er hatte sich ja bereits damit abgefunden, daß der Herzog von Toscana, Maria Theresias Mann und der Bruder des Prinzen Karl, dereinst zum Kaiser des Heiligen Römischen Reiches Deutscher Nation gekürt werden würde, während Frankreich ganz provokativ den Kurfürsten von Sachsen, Friedrichs Feind, hierfür favorisierte, und noch mehr ärgerte ihn, daß ihm bei den insgeheim laufenden europäischen Verhandlungen der Ausschluß drohte, aber den wirklichen Friedensgegner schien er nicht zu erkennen: Maria Theresia!

Kaiserin Maria Theresia. Kupferstich von P. Kilian nach einem Gemälde von M. v. Meijteus.

Diese »Königin von Ungarn«, wie er sie auch später zu nennen pflegte, mit leisem Spott, aber nicht ohne Hochachtung, kannte er 1745 noch nicht so gut, wie er sie im folgenden Jahrzehnt kennenlernen sollte. Sie war in Wien die treibende Kraft und hätte Belgien, um das es auch ging, für Schlesien ohne weiteres hergegeben. Friedrichs schnöde Inbesitznahme Schlesiens hatte sie schwer getroffen und auch die Niederlage von Hohenfriedeberg hatte sie zwar aus der Fassung, aber nicht ins Wanken gebracht - sie stand ihren Mann mehr als mancher Mann! Sie ließ die diplomatischen Fäden sofort spinnen und beeilte sich, die Verbündeten wissen zu lassen, daß ein Frieden unter diesen Umständen nicht in Frage komme. Trost spendete sie ihrer Kollegin, der Kurfürstin von Sachsen und Königin von Polen, Maria Theresia schrieb ihr:
»Sie werden ohne Zweifel wie ich über die unerwartete Nachricht von dem, was am 4. in Schlesien vor sich ging, bestürzt sein. Obwohl das Übel nicht klein ist, hat man zuerst es doch für größer gehalten, als es nach der bei mir eingetroffenen Relation ist, und ich habe mit großer Befriedigung die Bravour vernommen, mit welcher Tapferkeit sich die sächsischen Truppen ausgezeichnet haben. Seit der ersten Nachricht von dem unglücklichen Tag habe ich alle meine Mühe darauf verwandt, das Übel so schnell wie möglich zu reparieren, und Esterházy wird schon die Ehre gehabt haben, Eure Majestät die Mittel auseinanderzusetzen, die man einsetzt, um es zu erreichen. 4.000 Kroaten sind schon mit der Armee vereint, und andere Verstärkungen werden unverzüglich nach und nach folgen.«
Es kam für Maria Theresia natürlich darauf an, das Bündnis mit Sachsen nicht auseinanderbrechen zu lassen, obwohl sich bereits drohend abzeichnete, daß Friedrich Sachsen für den »Treuebruch« zu »strafen« gedachte. Maria Theresia schickte ihren Obersthofmarschall Khevenhüller nach Dresden, um die Kriegsziele zu besprechen: Wiedereroberung Schlesiens und Demütigung Preußens!

In Rundschreiben an die verbündeten Regierungen legte sie ihre Absicht dar, nicht klein beizugeben und Verstärkungen nach Böhmen gehen zu lassen, zum Beispiel aus Italien. Friedrich erfuhr natürlich von all diesen Maßnahmen, die ihn sehr verbitterten. Es fiel ihm schwer zu begreifen, daß man ihn zu isolieren gedachte. Als der französische Gesandte ihn beschwichtigte, fuhr er ihn an:
»Mein Freund, die Hoffnung ist eine Münze, mit der Ihr mich seit langem zu bezahlen sucht und die mir keine Genüge schafft. Ich will mehr, ich brauche Taten!«
Immerhin mäßigte er sich dem ängstlichen Podewils gegenüber:
»Ich werde Sachsen nicht angreifen, ehe ich nicht die Überzeugung gewinne, daß eine gütliche Einigung unmöglich ist.«
Die Zeit hiernach und was sich in ihr ereignete - das gehört nicht mehr zu unserem Thema...

Ziehen wir Bilanz zur Schlacht von Hohenfriedeberg: Militärisch wenig gewonnen, außer guter Beute an Kanonen, Fahnen und Pauken; politisch nur soviel, daß Preußen ein Faktor geblieben war, mit dem zu rechnen sein würde. Sollte das alles sein? Nicht ganz! Geben wir Rudolf Keibel das Wort, mit dem er sein Buch über Hohenfriedeberg abgeschlossen hat:
»Aber allerdings, dieser fast völlige Mangel speziell eines politischen Erfolges wurde reichlich aufgewogen durch den nicht zu unterschätzenden großen moralischen Erfolg, den die Schlacht bei Feind und Freund, bei den Gegnern und den Preußen selbst davontrug. Sie lehrte die Gegner, die sich allzusehr durch den kläglichen Ausgang des Winterfeldzuges hatten verleiten lassen, geringschätzig auf Preußen herabzusehen, daß seine Kraft nur vorübergehend gelähmt worden war, daß es die Überlegenheit im Felde trotz allen schweren Mißgeschicks nicht verloren hatte, daß es ein Staat geblieben war, den man fürchten mußte. Und wenn Maria Theresia in ihrem Entschluß, Schlesien wiederzugewinnen, unerschütterlich blieb, so waren ihre Feldherren jetzt doch von größter Vorsicht erfüllt. Das aus der tiefen Beschämung über die Niederlage hervorgehende Verlangen des Prinzen Karl, Vergeltung zu üben, verflog sehr schnell, und zum Angriff bei Soor (die nächste Schlacht) ging man auch nur über, weil man Friedrich in erheblicher Minderzahl wußte und deshalb, zumal wenn man ihn überfiel, auf jeden Fall abtun zu können hoffte. Den Preußen aber wurde durch diesen glänzenden Sieg ins Gedächtnis zurückgerufen, daß ihr Heer im Felde unüberwindlich war, daß sie in ihm einen Schutz hatten, auf den sie in ihrer allseitigen Gefährdung fest vertrauen konnten. Vor allem aber zeigte er ihnen die unerreichbare Genialität ihres Königs, der ein ganzes Gewebe von feindlichen Absichten mit einem kräftigen Schlag zerrissen hatte, in unanfechtbarer Klarheit...«

REAKTIONEN AUF DIE SCHLACHT

In der preußischen Armee sang man bald nach dem 4. Juni ein Lied, um speziell die Sachsen zu verspotten:
»Matz Pump von Dresden ist hier gewesten
und muß mit Schande aus unserem Lande.
In fünf Stunden habt ihr empfunden,
wie Friedrichs Waffen die Feinde strafen.«
Der französische Ritter de la Tour bat Friedrich um Erlaubnis, noch einige Zeit beim preußischen Heer verbleiben zu dürfen. Friedrich fragte ihn:
»Sie wollen also sehen, wer Schlesien behalten wird?«

»Nein, Sire, ich will nur Zeuge davon sein, wie Euer Majestät Ihre Feinde züchtigen und Ihre Untertanen verteidigen werden.«

Seine charmante Art kehrte Friedrich heraus, als er der Mutter Chasots, der bei der Attacke der Bayreuther Dragoner dabei war, nach Caen schrieb und dabei eine seiner kostbaren Dosen verschenkte:
»Schon längst haben Sie durch die Dienste, welche mir Ihr Herr Sohn geleistet hat, ein Recht auf meine Achtung und Aufmerksamkeit. Die Mutter eines braven und allgemein geschätzten Offiziers kann von Mir nichts Anderes als Beweise eines aufrichtigen Wohlwollens erwarten.«

Natürlich saß auch Friedrich, wie sein Gegenspieler Prinz Karl, am Abend des 4. Juni am Tisch, um Briefe zu schreiben. Das ist leicht zu machen, wenn man Angenehmes mitzuteilen hat:
»Lieber Podewils, ich berichte Ihnen in drei Worten, daß wir soeben einen vollständigen Sieg über den Feind davongetragen haben. Wir haben 5.000 Gefangene gemacht, darunter 30 Offiziere, fünf oder sechs Generale, 66 Fahnen, drei Standarten und acht Pauken erobert. Österreicher und Sachsen zusammen haben drei- bis viertausend Mann an Toten und Verwundeten auf dem Schlachtfeld gelassen. Unsere Kavallerie hat Wunder getan, ebenso die Infanterie, alle Truppenteile haben sich ausgezeichnet. Sie waren alle im Feuer, kurz, nichts hat versagt.«
»Ich habe mein Wort gut eingelöst. Alle anderen und meine Brüder haben wie Löwen für das Vaterland gekämpft. Niemals haben die alten Römer etwas Glänzenderes geleistet.«

Am 6. schickte Friedrich dem Minister die Relation der Schlacht, damit sie in Berlin veröffentlicht werden konnte. Sie endete mit der Aufzählung der Beute und Verluste:
»...Die Trophäen, wo wir in dieser Bataille erbeutet, bestehen in 66 Kanonen, 6 Haubitzen, 76 Fahnen, 7 Standarten, 8 Paar Pauken. An Gefangenen haben wir bekommen 4 Generale, beinahe an 200 Offiziers und mehr als 7.000 Gemeine. An Toten haben die Österreicher und Sachsen noch über 4.000 Mann verloren, und wenn man nach der Menge der Deserteurs, welche täglich bei uns ankommen, urteilen will, wird man nicht zuviel tun, wenn man ihren Verlust in allem wenigstens auf 20.000 Mann schätzt.«
Als der französische Oberst de la Tour erklärte, Hohenfriedeberg sei eine Schlacht gewesen, wie sie noch nicht gesehen worden sei, antwortete Friedrich:
»Er hat von der Tüchtigkeit unserer Truppen sprechen können. Was mich anbetrifft, so möchte ich gerechte Anerkennung zollen ihrer Hingebung für das Vaterland, in der ein jeder kund getan hat, daß er lieber sterben wollte, als nicht siegen. Welche Bildsäulen würde man nicht in Rom diesen Cäsars vom Regiment Bayreuth errichtet haben!«

Eingedenk dessen, daß er doch, trotz des Sieges, allein stand, prägte Friedrich den klassischen Satz:
»Die besten Alliierten, die wir haben, sind unsere eigenen Truppen!«
So würde es auch in Zukunft sein.
Später schrieb Friedrich über Hohenfriedeberg:
»Ich habe Offiziere gesehen, die lieber starben als wichen; ich habe gesehen, wie sie und selbst die Gemeinen in ihrer Mitte keinen mehr dulden wollten, der Schwächeanwandlungen gezeigt hatte, von welchem man in anderen Heeren sicher kein Aufhebens machen würde; ich habe Offiziere und Soldaten gesehen, die schwer verwundet sich weigerten, ihren Platz zu verlassen und sich nach einem Verband umzusehen. Mit solchen Truppen würde man die ganze Welt bändigen, wären nicht die Siege ihnen selbst ebenso verhängnisvoll wie ihren Feinden.«
Da klang seine Sorge um die Verluste durch, die Staaten wie Österreich und Frankreich (sein späterer Gegner) stets leichter würden ersetzen können als das volkarme Preußen.

»Persönlich« Leidtragende der Schlacht waren die beiden verbündeten Feldherren. Dem Herzog von Sachsen-Weißenfels wurde seine Mut- und Entschlußlosigkeit und die seiner Offiziere vorgeworfen, er verabschiedete sich aus der Geschichte. Prinz Karl von Lothringen erwischte es natürlich besser, doch immerhin wagte er es nicht, seiner Königin direkt über die Niederlage zu schreiben, er wählte den Umweg über seinen Bruder. Maria Theresia litt besonders darunter, daß ihr Schwager, in dessen militärischen Fähigkeiten sie große Hoffnungen gesetzt hatte, der Verlierer war und in Wien bereits über ihn gespottet wurde. Nun, da sie ihn nicht absetzte, gar im nächsten Krieg erneut zum Oberbefehlshaber machte, sollte er ihr noch manchen Verdruß bereiten, sehr zum Vorteil Friedrichs...
Dieser König von Preußen, der sich eigentlich nur König »in« Preußen nennen durfte! Maria Theresia verachtete ihn naturgemäß, diesen dreisten Protestanten, aggressiv, wortbrüchig und wohl zukünftiger Erzfeind ihres Hauses! Jetzt verglichen die lästerlichen Wiener ihn mit Prinz Karl, priesen seine militärischen Fähigkeiten und die seiner Generale. Der venezianische Gesandte Errizzo meldete solche Ansichten nach Hause. Wie groß waren die Hoffnungen im Mai gewesen, als das Heer ausrückte, um die Gelegenheit abzuwarten, den Preußen eins überzubraten - das Gegenteil war eingetreten!

Eine andere Herrscherin hätte vielleicht verzagt, was viel späteres Blutvergießen verhindert hätte. Maria Theresia jedoch beauftragte ihren Grafen Khevenhüller, einen Zivilisten, nach Böhmen zur Armee zu gehen, Stimmung und Lage der Truppe zu erkundigen und Bericht zu erstatten. Er berichtete: Diese Schlacht sei ein Überfall gewesen, damit ein ungewöhnlicher Vorgang, den man aber hätte voraussehen können. Sowohl der linke wie der rechte Flügel seien unvorbereitet gewesen. Man müsse eine Untersuchungskommission gründen, die Schuldigen bestrafen »und dadurch ein den Kriegsgesetzen entsprechendes Exempel statuieren«. Gegen ein Familienmitglied...

Für alle Seiten war es üblich, eine offizielle »Relation« herauszugeben: drei Relationen - drei verschiedene Darstellungen! Einen Teil der preußischen haben wir im Faksimile abgedruckt. Wir zitieren aus der sächsischen:
»Der Chevalier de Saxe hat an diesem Tage wiederholt Beweise seines Eifers für die gute Sache, seiner Fähigkeit und seiner Bravour gegeben, indem er die Truppen stets durch seine Gegenwart ermutigte. Alle Generale, sowohl die sächsischen als auch die österreichischen, die im Gefecht waren, haben Proben ihres Mutes gegeben und gestrebt, den Soldaten Haltung einzuflößen, indem sie sich ebenso wie jene exponierten. Die Wunden, welche die meisten im Gefecht davongetragen, zeigten hinlänglich, daß sie sich nicht geschont haben. Es darf nicht vergessen werden, zu bemerken, daß die Preußen außer dem Vorteil des Terrains auch den der Sonne auf ihrer Seite hatten, welche unseren Soldaten gerade in die Augen schien, so wie den Wind, der sich erhob und uns den Rauch ins Gesicht trieb, so daß uns die verschiedenen Bewegungen und Dispisitionen ihrer Generale dadurch entgingen.«
Auch die österreichische Relation sollte dazu dienen, nicht alles im schlechten Licht erscheinen zu lassen und besonders »die Herren Generals und Offiziers« ins gute zu rücken:
»...Der Verlust dieser wichtigen Schlacht, wovon sich der Sieg fast gleich anfänglich auf feindliche Seite gelenket hatte, ist hauptsächlich der vorteilhaften Situation der preußischen Armee und dem beizumessen, daß unsere meiste Kavallerie nebst einigen Infanterie-Regimentern ihre Schuldigkeit nicht so, wie es hätte sein sollen, getan, man sich auch durch Gebrauchung aller nur ersinnlichen Mittel hierzu anzuhalten nicht vermögend war, anerwogen der kommandirenden Chefs Hochf. Durchl. zu solchem Ende alles äußerste angewendet, sich der größten Gefahr exponiret, die zertrennten Regimenter truppenweise und wie sie solche in der Eil wiederum versammeln konnten, selbst gegen den Feind angeführet... Man muß nicht minder den Herren Generals und Offiziers die Gerechtigkeit widerfahren lassen, daß es ihnen an Bravour, Eifer und gutem Willen nicht gefehlet, und sind deren davon getragene vielfältige Blessuren eine überzeugende Probe, daß sie sich keineswegs geschonet haben...«

Während seine Feinde über die Niederlage grübelten, hatte Friedrich genügend Zeit, privaten und künstlerischen Neigungen nachzugehen und sich persönlich um das Schlagen der Medaille zur gewonnenen Schlacht zu kümmern... Daß er um diese Zeit den berühmten »Hohenfriedberger Marsch« komponiert hat, dürfte allerdings eine Legende sein; aber immerhin: er war musikalisch, komponierte auch recht ansehnlich und könnte den Anstoß und das musikalische Motiv gegeben haben.

AUSZEICHNUNGEN, EHRUNGEN, BEFÖRDERUNGEN

Kein Feldherr kann es sich leisten, nach einer gewonnenen Schlacht nicht zu belobigen und auszuzeichnen oder keine Beförderungen auszusprechen. Mit dem sogenannten Parolebefehl ließ Friedrich sich allerdings Zeit, er stammt aus dem Lager von Chlum in Böhmen und wurde am 20. Juli des Jahres ausgegeben:

»Ihro Majestät können nicht unterlassen, Dero gesammte Offiziers Ihre Zufriedenheit über die von ihnen bei Hohenfriedeberg auf das neue wieder gegebene Proben von deren besondere Courage, Geschicklichkeit und gutem Betragen zu geben. Das Lob, welches sich alle hohe und niedrige Offiziers erworben haben, wird von dem Feinde selbst zugestanden und in keinen Zeiten ausgelöscht werden. Da aber Ihro Majestät bekannt ist, daß die Lust zur wahren Ehre der vornehmste Affekt Ihrer Offiziers ist; so sind Sie der Meinung, daß Sie ihnen in keinem Stück Ihre Zufriedenheit mehr an den Tag legen können, als durch eine extraordinaire Promotion; ob sie zwar nicht alle Offiziers mittrifft, welche verdient hätten, Teil daran zu nehmen; so versprechen Ihro Majestät ingleichen den andern, auf eine andere Weise Zeichen Ihrer höchsten Zufriedenheit zu geben, und rekommandiren anbei allen und jeden Offiziers den Ruhm der Preußischen Nation und Waffen, den wir durch so viel Blut erworben haben beständig zu Herzen zu nehmen, und forthin gegen den Hochmut unrechtmäßiger Feinde auf solche Art zu behaupten, daß sie bei aller Gelegenheit gewahr werden, daß sie mit denselben Preußen zu tun haben werden, welche sich bei Hohenfriedeberg einen unsterblichen Ruhm erworben.«

Es wurden befördert:

General der Infanterie von Dossow zum Generalfeldmarschall; die Generalleutnante Graf Dohna und Fürst Dietrich von Anhalt-Dessau zu Generalen der Infanterie; die Generalmajore Prinz Moritz von Anhalt-Dessau, von Münchow, von Bonin, von Möllendorff, von Rochow und von Roel zu Generalleutnanten; die Obersten Graf Dohna, von Kalnein, von Borck, von Lestwitz, Prinz Heinrich von Preußen, von Bieberstein, von Ruetz, von Katzler und von Schwerin zu Generalmajoren.

Außerdem gab es natürlich zahlreiche Beförderungen in den unteren Offiziersrängen.

Major von Chasot bekam die Auszeichnung, seinem König »unter Pauken- und Trompetenschall« im Hauptquartier zu Rohnstock die erbeuteten Trophäen vorzuführen. Eine Ordensflut ergoß sich über die nach Friedrichs Meinung Besten: Generalleutnant du Moulin und Graf Posadowsky erhielten den Schwarzen Adlerorden, der begehrte »Pour le mérite« ging an alle Kapitäne und Stabsoffiziere beim 2. und 3. Bataillon Garde, des Grenadierbataillons Einsiedel und der Regimenter Hacke und Bevern. Generalleutnant von Geßler wurde in den Grafenstand erhoben und durfte sein Wappen mit dem preußischen Adler zieren, ebenso Chasot. Die meisten Ehrungen kassierte natürlich das Dragonerregiment Bayreuth:

»Königlicher Gnadenbrief und Diplom für das bei der glorieusen Bataille bei Friedberg in Schlesien sich hervorgetane Dragonerregiment von Bayreuth.«

Es erhielt fortan die Erlaubnis,

> »...um das Andenken dieser glorieusen Aktion noch ansehnlicher zu machen, die eroberten Trophees, an Fahnen und Kanons in ihrem Regiments-Siegel zu führen«;
> »...vor allen anderen Dragoner-Regimentern der Armee jetzo und zu ewigen Zeiten...jederzeit im Zug und Marsch den Grenadier-Marsch, mit ihren Pauken aber auch den Marsch der Kürassier-Reuter zu schlagen«.

Der Spruch auf Geßlers neuem Wappen gab eine bisher bei den alten Römern gebräuchliche Losung aus: »Dulce est pro patria mori!«

DIE QUELLEN

Die Geschichtsschreibung hat manchmal so ihre Tücken: Menschen machen sie, und darum muß sie fehlerhaft und unvollkommen sein. Dies trifft nicht nur auf die alte, sondern auch auf die jüngste Berichterstattung zu. Fachleute sind oft sehr verschiedener Meinung. Als Maßstab für die Geschichte der Kriege Friedrich II. gilt das Generalstabswerk, hier abgekürzt GStW, da man in dieser Zusammenstellung wie erwartet sachlich und emotionsfrei berichtet. Aber das GStW liegt nicht nur bei den Zeitangaben des Schlachtverlaufs, sondern auch in Zahlen- und Geländeangaben in Konflikt mit anderen Berichterstattern. Darum machen wir darauf aufmerksam, daß alle Angaben und Schilderungen in diesem Band, welchen Quellen wir auch folgten, zwangsläufig nicht unbedingt den Tatsachen entsprechen müssen, Tatsachen, die heute niemand mehr richtigstellen könnte. Aber: Geschichte lebt auch von Augenzeugen, selbst wenn diese freilich nie ganz objektiv sein werden, doch sie geben den Darstellungen Würze und Leben, die die Geschichten über Geschichte erst lesenswert machen - wir haben soviel wie möglich auf sie zurückgegriffen, ohne die Fakten zu vernachlässigen. Wer tiefer in das Geschehen der Schlacht von Hohenfriedeberg einsteigen möchte, - und natürlich auch in die anderen, die Friedrich geschlagen hat -, der sei auf die Literatur verwiesen, die gesondert aufgeführt ist.

Die Karten

Auch bei den Karten werden wir Unterschiede in den Darstellungen finden. Aber Karten sind Bildwerke, sie zu studieren ist für Kenner ein Genuß, darum haben wir nicht darauf verzichtet, zahlreiche von ihnen darzubieten.

Worterklärungen aus den Zitaten

abandonnieren	im Stich lassen
affektionieren	Vorliebe haben
Allignement	Erleichterung, Entlastung
Avantage	Vorteil, Nutzen, Gewinn
avertieren	warnen
chargieren	fertigmachen zum Feuern
citissime	schnellstens
consternation	Bestürzung, Betroffenheit
decidiren	entscheiden, bestimmen
defendiren	verteidigen
Defilee	Vorbeimarsch
defiliren	vorbeimarschieren
destiniren	ausersehen, bestimmen
distinguiren	unterscheiden, erkennen
Echec	Mißerfolg, Scheitern
emportiren	wegschaffen, beseitigen
estime	Achtung, Wertschätzung
menagiren	schonen, vorsichtig behandeln
meritiren	verdienen
mouvement	Bewegung
Präzipitenz	Überstürzung
repliciren	absetzen
retiriren	zurückziehen
timide	schüchtern, zaghaft

Literaturverzeichnis

Arneth, Alfred Ritter von: »Geschichte Maria Theresias«, 10 Bände, Verlag Wilhelm Braumüller, Wien 1865
Cogniazo Jacob de: »Geständnisse eines österreichischen Veterans«
Generalstabswerk (GStW): »Die Kriege Friedrich des Großen«, Verlag Mittler, Berlin 1890 bis 1913
Hoffmann, Albert: »Der Tag von Hohenfriedeberg und Striegau«, Verlag Georg Maske, Oppeln 1903
Jessen, Hans: »Friedrich der Große und Maria Theresia in Augenzeugenberichten«, Karl Rauch Verlag 1965
Keibel, Rudolf: »Die Schlacht von Hohenfriedeberg«, Verlag A. Bath, Berlin 1899
Lange, Eduard: »Die Soldaten Friedrich des Großen«, Leipzig 1853
Lützow, Leo Freiherr von: »Die Schlacht von Hohenfriedeberg oder Striegau am 4. Juni 1745«, Verlag Ferdinand Riegel, Potsdam 1845
Orlich, Leopold von: »Geschichte der Schlesischen Kriege«, Verlag Georg Gropius, Berlin 1841
Preuß, J.D.E.: »Lebensgeschichte Friedrich des Großen«, Naukschе Buchhandlung Berlin, 1834
Priesdorff, Kurt von: »Soldatisches Führertum«, Hanseatische Verlagsanstalt, Hamburg 1936 bis 1942
Rheinhardt, Carl von: »Geschichte des Ersten Garderegiments zu Fuß«, Verlag Stein, Potsdam 1858
Thadden, Franz Lorenz von: »Feldmarschall Leopold Daun«, Herold-Verlag, Wien und München 1967
Alle nicht namentlich ausgewiesenen Abbildungen stammen aus dem Archiv des Verfassers.

PODZUN-PALLAS-VERLAG GmbH, Kohlhäuserstraße 8, 61200 Wölfersheim-Berstadt
Telefon 0 60 36 / 94 36, Fax 0 60 36 / 62 70
Verantwortlich für den Inhalt ist der Autor.
Satz: PODZUN-PALLAS-Verlag GmbH.
Technische Herstellung: Freiburger Graphische Betriebe, 79108 Freiburg.
ISBN: 3-7909-0621-2